THOMAS SCHENK

IM TRAM
ANLEITUNG ZUM VORWÄRTSKOMMEN

Mit einem Vorwort von Peter Weber und
Illustrationen von Anna Sommer

Limmat Verlag
Zürich

Der Autor dankt den VBZ, ihn 2004 mit einer Kolumne
in «20 Minuten» betraut zu haben, und damit für die
Gelegenheit, seither Freuden und Leiden der Schienenwelt
darlegen zu können.

Im Internet
Informationen zu Autorinnen und Autoren
Hinweise auf Veranstaltungen
Schreiben Sie uns Ihre Meinung zu diesem Buch
Abonnieren Sie unsere Newsletter
www.limmatverlag.ch

Das *wandelbare Jahresverlagslogo* des Limmat Verlags auf
Seite 1 zeigt Sirenen, Nixen, Meerfrauen und -männer.
Sie wurden gesammelt, freigestellt, gescannt und zur Verfügung
gestellt von Uz Hochstrasser und Kathrin Siegfried oder
stammen aus dem Verlagsarchiv.

Umschlagbild von Anna Sommer
Typographie und Umschlaggestaltung von Trix Krebs

© 2007 by Limmat Verlag, Zürich
ISBN 978-3-85791-536-9

8 **DER POETISCHE HOCHSITZ**
von Peter Weber

STATIONEN DER SEHNSUCHT
10 Von der Kunst des Tramfahrens
12 Anhalten tun sie immer
14 F<u>a</u>hr|plan, der
16 Jäger und Gejagte
18 <u>A</u>b|fah|ren, vor der N<u>a</u>|se
20 Die alten Leiden der jungen Mütter
22 Rauchzeichen

DIE LOGIK DER STRASSE
24 Aber einige sind gleicher
26 Liebe Aargauer
28 Ich und die Geländewagen
30 Bericht aus der Kampfzone
32 Vierzig Tage Einsamkeit
34 Im Temporausch
36 Sch<u>a</u>|den|freu|de, die

ZIMMER MIT AUSSICHT
38 Schöner Tram fahren
40 Detektiv im Nebenamt
42 Unterhaltung inklusive
44 Zürcher Jugend forscht
46 Hardcore Sound
48 Gesichter ohne Namen
50 Reine Nervensache

LEXIKON DER GEBÄRDENSPRACHE
52 Hello again
54 Die Wahrheit über den Tramgruss
56 Ende einer Tramfahrt
58 Turnaround
60 Der Pulsschlag eines Trams
62 Wenn es oben nicht stimmt
64 Führerlose Zeiten

ÜBERLEBEN IN DER GROSSSTADT
66 Am schönen Zürimeer
68 Das Tram und die Politik
70 Lebensberater
72 Die schönsten Umleitungen
74 Täuschungsmanöver
76 Wenn es mir dämmert
78 Tramtouristen

ANATOMIE DES TRAMFÜHRERS
80 Meine grösste Schwäche
82 Schienenglück
84 Pau|se, die
86 Multitasking in der Tramkabine
88 Die Kunst der langen Weile
90 Gut Tram
92 Die Verwandlung

KLEINE TECHNIKKUNDE
- 94 Baujahr 1966
- 96 Schön warm hier
- 98 Süsser die Glocken nie klingen
- 100 Irrfahrten und andere Affären
- 102 Im schwarzen Loch
- 104 Cobra, bitte kommen
- 106 Alles, was Sie wissen müssen

DIE VIER JAHRESZEITEN
- 108 Klimaforschung
- 110 Frühlingsgartenglück
- 112 Sommerduft
- 114 Ein Herbstproblem
- 116 Wenn Zürich brennt
- 118 Winterzauber
- 120 Ein Engel für Zürich

KLARSTELLUNG
- 122 Weder Science noch Fiction

- 124 Personen- und Sachregister

DER POETISCHE HOCHSITZ

Tramführer, so erfahren wir von Thomas Schenk, fördern die Zirkulation im weitesten Sinne. Zunächst, indem sie sich gegenseitig winkend grüssen, einige hundert Mal pro Tag. Kopf und Glieder müssen gut durchblutet sein, bei ihrer Arbeit brauchen sie wache Sinne. «Das wichtigste Organ des Tramführers sind die Augen, doch auch die akustischen Organe sind gut ausgebildet.» Er überhört und übersieht grosszügig. Und verschweigt das meiste. Denn er sieht uns zwischen den Tagen: Als Passanten und Passagiere.

Jeder Tramführer ist praktizierender Metaphysiker. Er kittet unsere Alltage. Er verleimt bei seinen Fahrten die Stundenfugen, die Kanten der Tage und Wochen. Er bedient die Düse, die Sekundenleim auf die Gleise tröpfeln lässt. Er sorgt für kleine Unregelmässigkeiten in den Abläufen, indem er Sekunden aufholt oder schleift. Ohne Tramlinien fiele das Raumzeitgefüge auseinander. Der Türknopf und die alles aufweichende «Rasselglocke» sind weitere Arbeitsinstrumente. Da er musiklos im kleinen Hochgehäuse sitzt, begleitet nur vom tickenden Tachographen, gestaltet er mit diesen zwei Knöpfen den Alltagsrhythmus. Er fährt in Kreisen, Schlaufen, durchs Immerselbe. Durch Takt, Verlass, Trott, Gewähr. Und fördert die Zirkulation.

In grauer Vorzeit war das Tram ein stockendes Vehikel gewesen, stumme Passagiere, stumme Tramführer, daran erinnere ich mich vage: Ruckelwirklichkeit. Dann kam der öffentliche Verkehr zu seinem natürlichen Vorrecht, das Tram begann die Ampeln zu beherrschen, Autos hatten zu warten, und Untergrundbahnen, wie man sie in Zürich noch vermisst hatte, waren vergessen. Im glanzvollen Tramzeitalter wurden vermehrt Schreibende in die Kabine gelockt. Denn Gleise quer durch Tage und Jahre versprechen üppig Stoff. Autoren, die über vielfältige sprachliche Mittel verfügen und in freier Wildbahn zur Abschweifung neigen könnten, lassen sich gerne auf ruhige Linien setzen, so kommen ihre feineren Instrumente wie List, Ironie und Untertreibung besser zur Geltung. Die Kabine ist Thomas Schenks poetischer Hochsitz. Verlängerte Nase.

Mit einem Welpenweibchen bin ich neulich ins Tram gestiegen, in den Seniorenstunden am späten Vormittag. Das Hündchen, unter dem Sitz liegend, witterte Zuneigung. Es zeigte Schnauze und Ohr, wurde von einer alten Frau bemerkt, stand auf, unsicher, da auf reisendem Boden, weckte so Begehrlichkeiten mehrerer Hände. Die alten Leute befanden sich in idealer Streichelposition, sie brauchten sich nicht zu bücken. Das Tier durfte nach Absprache gestreichelt werden, der Mann an der Leine wurde selber in Gespräche verwickelt, Lebensgeschichten mit Haustieren wurden ihm erzählt. Bis zur nächsten Station, da sich die Türen öffneten. Luft strömte ein, das Tier witterte Abwechslung und wandte sich den neuen Fahrgästen zu. Die Türen schlossen sich wieder. Ein alter Mann erzählte von seinen Kaninchen. Ich sah das wache Auge des Tramführers im Rückspiegel.

Peter Weber

VON DER KUNST DES TRAMFAHRENS

Es ist kein Zufall, dass philosophische Abhandlungen über die gute Lebensführung ganze Bücherregale füllen. Gerade bei den alltäglichen Beschäftigungen offenbaren sich die existenziellen Nöte des menschlichen Daseins. Das Tramfahren bildet in dieser Hinsicht keine Ausnahme. Zwar kann es der öffentliche Stadtverkehr punkto Anforderungen und Komplexität nicht mit den elementaren Schwierigkeiten aufnehmen, die sich bei der Zubereitung eines Drei-Minuten-Eis oder beim Kauf eines Zopfs stellen, der, in der Nacht auf Samstag gebacken, am Sonntag noch geniessbar sein sollte. Aber es sind schon zahlreiche Hürden zu meistern, bis man eine Tramfahrt geniessen und auf die anderen Verkehrsteilnehmer herabsehen kann. Ein Privileg, das im Übrigen auch Sepp Blatter zu schätzen weiss. Der FIFA-Präsident und bekennende Tram-Fan schwärmt von der «erhabenen Höhe» von einem Meter fünfzig, auf der er «an den Autokolonnen vorbeigleitet» (wenn der oberste Fussball-Funktionär der Welt nicht gerade mit Chauffeur und dazugehöriger Grossraumlimousine unterwegs ist).

Mit einem imponierenden Spurt auf das Tram ist es nicht getan. Man muss die richtige Türe wählen, durch die man in das Fahrzeug eintreten will. Das ist eine komplizierte Angelegenheit, es gibt ja mehrere Eingänge und dadurch ausreichend Entscheidungsspielraum. In Zürich haben sich zur Lösung dieses Tramproblems zwei Strategien durchgesetzt: erstens grundsätzlich immer die vorderste Türe zu benützen, damit man die Tramfahrt von der Spitze aus in Angriff nehmen kann. Oder zweitens sich einfach vor jener Türe anzustellen, bei der sich bereits die grösste Schlange gebildet hat. Das bietet Gewähr, dass sich die Türe nicht unverhofft schliesst, wenn man seinen Fuss aufs Trittbrett setzen möchte (was dann vielfach zu demselben Resultat führt wie Methode eins).

Und es gibt Fahrgäste, die verstehen es, in der Manier der Schachspieler-Legende Garri Kasparow zehn und mehr Züge vorauszudenken. Diese Tramstrategen wählen ihren Platz im Hinblick auf den Ort, wo sie auszusteigen gedenken. Also (wiederum) ganz vorne, falls sie ihren Weg von der Tramspitze aus fortführen wollen, oder eben ganz hinten. Halbe Sachen kommen für solche Menschen nicht in Frage. Denn mit der richtigen Ein- und Ausstiegsposition lassen sich entscheidende Sekunden sparen (wenn die anvisierte Haltestelle wegen einer Baustelle nicht gerade verschoben wurde und die ganze Planung über den Haufen geworfen wird). Ein Tram inklusive Anhänger misst in der Länge rund vierzig Meter, eine Strecke, für die ein durchschnittlicher Wanderer dreissig Sekunden benötigt. Wer also täglich bei der Hin- und Rückfahrt am richtigen Ort einsteigt, gewinnt locker eine Minute. Das macht pro Jahr ziemlich genau drei Stunden. Auf ein durchschnittliches Erwerbsleben von vierzig Jahren hochgerechnet, sind das einhundertzwanzig Stunden, also ganze fünf Tage, die man schneller am Ziel ist. Und dann kommt noch das Seniorenleben dazu.

ANHALTEN TUN SIE IMMER

Ähnlich wie es bei den Flugzeugen heisst, runter kommen sie immer, verhält es sich beim Tram. Anhalten tun sie immer, auch wenn niemand ein- oder aussteigen will. Die Frage lautet nur: Wo? Abgeklärte Tramgäste mögen da sagen, kein Problem, bei den VBZ ist alles reglementiert, neben Abfahrtszeiten, Strecken- und Kurvengeschwindigkeiten eben auch der genaue Haltepunkt. Im Grundsatz eine absolut richtige Aussage. Doch leider lassen sich selbst mit den präzisesten Regeln nicht alle Unsicherheiten aus der Welt schaffen.

Dies hat weitreichende Konsequenzen, wie sich am Stauffacher, am Bahnhofquai oder beim Milchbuck zeigt. An jenen Haltestellen also, die lange genug sind, dass zwei Trams gleichzeitig einfahren können. Dort muss sich jeder Fahrgast die brisante Frage stellen: Hält das Tram auf der vorderen oder auf der hinteren Position? Die Trefferwahrscheinlichkeit liegt, grob gesagt, bei fünfzig Prozent, je nach Beobachtungsgabe und Kenntnis des Fahrverhaltens der Tramführer auch etwas höher. Und so sind immer wieder beklemmende Szenen zu beobachten, wenn Menschen, die danebengetippt haben, nach vorne oder hinten rennen. Für Bewegung vermögen auch jene Wagenführer zu sorgen, die sich nicht mit dem hinteren Platz begnügen, sondern gleich auf die Poleposition vorrücken wollen. Folglich warten sie, bis das vordere Tram losgefahren ist. Die Türen bleiben zu, da kann es regnen oder schneien. Es würde hier zu weit reichen, all die betrieblichen Gründe für diese anspruchsvollen Manöver zu erläutern. Deshalb nur soviel: Es lohnt sich, an den besagten Haltestellen im Zweifelsfall in der Mitte zu warten. Da bleiben beide Optionen gewahrt.

Auch wenn dies den Nachteil hat, dass man dadurch nicht in jedem Fall bei der beabsichtigten Türe ein- und später wieder aussteigen kann.

An allen übrigen Haltestellen wäre die Sache eigentlich ganz einfach: Das Tram hält beim handbreiten, weissen Balken, der zwischen den Geleisen aufgemalt ist. Aufmerksame Stadtbewohner sind sich der tieferen Bedeutung dieser Striche bewusst, und geschickt vermögen sie das tramtechnische Wissen für ihren Alltag zu nutzen. Als Fussgänger können sie dadurch den Umweg auf ein Minimum beschränken, wenn ihnen ein einfahrendes Tram den Weg abzuschneiden droht. Millimetergenau peilen sie die Balken an, um eine möglichst enge Linie um das nahende Hindernis zu ziehen. Diese Menschen verlassen sich auf präzise Manöver. Doch solch weg- und zeitsparenden Strategien haben ihre Tücken. Einsetzender Regen lässt die Schienen glitschig und unsere Landungen ungenau werden. Heikler noch ist es an jenen Haltestellen, bei welchen zwei Balken angebracht sind, der vordere Strich für lange Kompositionen, der hintere für kürzere. Gefährliche Verwechslungen bis hin zu Beinahezusammenstössen sind die Folge.

Einfacher ist es an jenen Stationen, wo Markierungen fehlen. Zudem erfährt hier die Tätigkeit des Tramfahrens eine ungemeine Bereicherung. Wir sind dann frei, den Haltepunkt selbst zu bestimmen. In solchen Situationen kann sich unser Spielraum bis auf zwei Meter erstrecken.

FAHR|PLAN, DER

Über Analphabeten wird viel geschrieben, da frage ich mich manchmal, ob Tramführer lesen können. Erst recht, seit mich ein Fahrgast energisch aufgefordert hat, meine Kolleginnen und Kollegen «anzulernen, den Fahrplan zu lesen». Das Tram, das er morgens jeweils besteigen wolle, fahre regelmässig zu früh ab. Nun ist das mit dem Fahrplan eine recht komplexe Sache. Die Fahrplangestalter versuchen es so einzurichten, dass wir unterwegs weder hetzen noch schleichen müssen. Um diese anspruchsvolle Arbeit gebührend zu würdigen, habe ich mir bei meinem Stellenantritt extra eine Uhr mit Sekundenzeiger gekauft; einige meiner Kollegen tragen bei der Arbeit funkgesteuerte, auf die Millisekunde genaue Zeitmesser. Doch eine exakte Uhr muss nichts heissen. An den Endstationen pünktlich loszufahren, darauf müssen wir noch immer selber achten.

Um den Fahrplan lesen zu können, ist die Vertrautheit mit dem Alphabet nur von begrenztem Nutzen. Besser ist es, wenn man ein Strickmuster deuten kann. Dann ist man eher in der Lage, die Zeichnungen zu verstehen, mit welchen die Abfolge der Tramkurse dargestellt wird. Wer das nicht schafft, hat immer noch einen Bordcomputer, der Abweichungen auf dreissig Sekunden genau anzeigt. Mit anderen Worten: Ich bin mir sicher, dass es nicht an mangelnden Lesekenntnissen liegt, wenn ein Tram zu früh unterwegs ist. Weshalb dann?, fragen Sie sich.

Viele versuchen die ungestüme Fahrweise mit dem Verlangen der Tramführer in Verbindung zu bringen, an der Endstation eine Zigarette zu rauchen, einen Kaffee zu trinken oder die Blase zu entleeren. In unserem Beruf gilt es, körperliche Bedürfnisse jeder

Art ernst zu nehmen. Aber wenn mein Display einen Vorsprung auf den Fahrplan anzeigt, liegt das meist einfach daran, dass weniger Fahrgäste unterwegs sind. Kein Problem, sagen Sie sich, in diesem Fall bleibt der Wagenführer an der nächsten Haltestelle stehen und lässt ein paar Minuten verstreichen. Doch leider gibt es auf dem Zürcher Schienennetz wenig, man kann sagen, keine Ausstellplätze. Meist folgen Fahrzeuge anderer Linien. Um einen Tramstau zu verhindern, sind wir zur Weiterfahrt gezwungen.

Zurück zum Ausgangspunkt. Ich habe volles Verständnis für Menschen, die den Haltestellen-Fahrplan gut sichtbar bei der Garderobe aufhängen (bei uns zu Hause ist er dezent auf der Innenseite des Geschirrschranks angebracht). So lässt sich die gewünschte Station minutengenau ansteuern. Aber nicht alle Zürcherinnen und Zürcher machen sich die Mühe. Ich kenne Leute, die verzichten absichtlich auf den Fahrplan. Die wollen auf keinen Fall den Eindruck gesteigerter Biederkeit erwecken, als hätten sie ihr Leben völlig durchgeplant. Lieber geben sie sich nonchalant und gehen aufs Geratewohl an die Haltestelle. Dort passiert es dann auch ihnen, dass sie ein Tram nur noch von hinten zu sehen bekommen. In diesem Fall ist es gut, dass sie die Abfahrtszeiten nicht im Kopf haben. Dann brauchen sie sich nicht darüber zu ärgern, dass dieses womöglich zu früh losgefahren ist.

JÄGER UND GEJAGTE

Positives Denken ist beim Tramfahren zentral. An einem Beispiel erklärt: Eigentlich könnte ich mich ständig über lebensmüde Fussgänger ärgern, die sich mir respektive meinem Tram in den Weg stellen. Doch ich gebe mir Mühe, solch kühne Entschlossenheit als Ausdruck von gesteigerter Lebenslust zu sehen. Besonders positiv empfinde ich in diesem Zusammenhang den sportlichen Ehrgeiz, den die Stadtbewohner mobilisieren, um den Fuss noch aufs Trittbrett zu kriegen und das Tram zu erstürmen. Jägern gleich preschen die Reisewilligen über die Trottoirs, lassen sich weder von schweren Aktentaschen behindern noch von allfälligen, ihre Bahn kreuzenden Autos. Ich strenge mich an, die aussergewöhnlichen Einsätze zu belohnen, und versuche, mit dem Abfahren etwas zuzuwarten, um die Wettläufer mitnehmen zu können. Für viele Menschen, rede ich mir ein, sind die Tramspurts die einzige sportliche Betätigung überhaupt.

So schlüpft man allmählich in die Rolle des Fitnesstrainers, was volle Aufmerksamkeit verlangt. An jeder Haltestelle muss ich nach spurtenden Passanten Ausschau halten, und zwar weiträumig. Jüngere Menschen schrecken nicht davor zurück, dreihundert Meter bis zur nächsten Tramhaltestelle zu rennen, in einem Tempo, das selbst André Bucher, als er noch allen Mittelstreckenläufern dieser Welt um die Ohren gelaufen war, den Atem verschlagen hätte.

Weniger augenfällig ist der sportliche Eifer älterer Passagiere. Doch auch sie können nicht auf den Wettstreit mit dem abfahrenden Tram verzichten. Leider ist der Gang ab einem gewissen Alter nicht mehr signifikant zu beschleunigen. Hier kann der Tramführer deshalb nicht auf die Geschwindigkeit abstellen. Vielmehr sind in diesen Fällen die Augen auf die Körperhaltung zu richten, auf den nach vorne geknickten Rumpf, das energische Schwingen der Arme oder den aufs Tram fixierten Blick.

Es gibt Fussgänger, die einen zu täuschen verstehen. Ihr Körper signalisiert grosse Hektik, sie spurten zielstrebig auf das Tram zu, streichen von links ganz knapp vor dem Fahrzeug über das Gleis, sodass ich bereits die vordere Türe öffne, um ihnen das Einsteigen zu erleichtern. Doch wird diese Geste nicht gewürdigt, die Passanten gehen entschlossen am Tram vorbei und setzen ihren Lauf ungebremst auf der anderen Strassenseite fort.

Von solchen listigen Manövern darf ich mich nicht entmutigen lassen. Wenn es der Fahrplan zulässt, zwinge ich mich dazu, geduldig und scheinbar total entspannt zu warten, bis die Alltagssportler ins Tram hochgestiegen sind. Jetzt gilt es, sofort loszufahren. Denn die Gewissheit, dass man es gerade noch geschafft und sich der Einsatz wirklich gelohnt hat, vermag das Glücksgefühl der Wettläufer zu steigern, die schwer atmend im Tram stehenbleiben.

Im Kampf gegen das Tram vergessen viele, wie stark dies Herz und Kreislauf zusetzt. Wer selten Sport treibt, sollte nach gängiger Meinung der Ärzte derartige plötzliche Belastungen unbedingt vermeiden. Statt die eigene Gesundheit zu gefährden, könnte man sich an einer Tramhaltestelle ein paar Momente des Nichtstuns gönnen. Dann bräuchte ich bei meinen Anstrengungen, positiv zu denken, nicht jedes Mal ans Limit zu gehen.

AB|FAH|REN, VOR DER NA|SE

Muss einer Sadist sein, um Tram zu fahren? Muss einer Lust empfinden, unbescholtenen Menschen regelmässig vor der Nase abzufahren? Ich will es einmal so sagen: Sadismus ist keine Bedingung für den Tramberuf. Doch es erleichtert die Sache schon, wenn man sich nicht bis in den Schlaf hinein mit Vorwürfen quält über das Mitverschulden verpasster Termine oder sonstwie aus dem Lot gebrachter Tagesabläufe.

Als ich die Tramausbildung begann, hatte ich mir viel vorgenommen: immer schön warten, alle mitnehmen, niemanden enttäuschen. Eine naive Vorstellung, musste ich erkennen. «Schliess jetzt die Türen», erging schon bald der Befehl meines Lehrmeisters. Wir standen am Bellevue, und immer wieder kamen Fahrgäste, die einsteigen wollten. Es kostete mich enorme Überwindung, die Türen zu schliessen. Und Nerven. Denn ich musste auf das Lichtsignal warten, während die Türöffner mit Kraft, aber doch erfolglos bearbeitet wurden. Zwanzig, dreissig lange Sekunden mit geschlossenen Türen vor einer Ampel stehen, da treffen einen vorwurfsvolle Blicke, da poltert auch einmal eine Faust gegen das Blech. Daran musste ich mich erst gewöhnen. Doch ich habe schnell dazugelernt.

Was draussen Stehenden als abartiger Lustgewinn für Tramführer erscheinen mag, hat mit der Logik des Verkehrsflusses zu tun. Wie am Bellevue sind die Lichtsignalanlagen an vielen Haltestellen mit der Türverriegelung der Trams gekoppelt. Öffne ich hier die Türen nochmals, nachdem ich diese bereits verriegelt habe, so verpasse ich das nächste Signal zur Abfahrt. Meine Fahrgäste müssen zusammen mit mir eine Runde aussetzen, nachfolgende Trams bleiben ebenfalls stehen. Klar, es müsste nicht immer sein, dass Menschen die Gelegenheit erhalten, die blauweissen Schienenfahrzeuge ausgiebig von hinten zu studieren. Etwa dann, wenn jemand abfährt, ohne vorher einen Blick in den Rückspiegel zu werfen. Schwieriger wird es, wenn der Fahrplan zur Weiterfahrt mahnt. Zumal unser Spielraum für charmeoffensive, aber zeitraubende Experimente eher gering ist. Und ist man einmal mit ein paar Minuten Verspätung unterwegs, sinkt die Bereitschaft, auf Fahrgäste zu warten, rasch gegen null. Vor allem, wenn die Blase drückt und an der Endstation entleert werden will.

Aber was ist mit den Tausenden von Stunden, die Tag für Tag wegen verpasster Trams an produktiver Zeit verloren gehen, mögen Sie an dieser Stelle einwenden. Was ist mit den volkswirtschaftlichen Kosten? Noch fehlen hierzu fundierte Studien, weshalb ich selbst nachgerechnet habe. Um fünfzehn Sekunden, habe ich gemessen, verzögert sich die Abfahrt im besten Fall, wenn ich nochmals die Türe öffne, damit eine Person einsteigen kann. Dieser glückliche Mensch gewinnt rund sieben Minuten, die Wartezeit auf das nächste Tram entfällt. Davon muss jedoch der Zeitverlust abgezogen werden, den die anderen Passagiere dadurch erleiden. In einem halb vollen Tram mit hundertsechzig Personen resultiert eine gesamte Wartezeit von vierzig Minuten. Macht netto, abzüglich des Zeitgewinns der bevorzugten Mitfahrerin, einen Verlust von dreiunddreissig Minuten. Eigentlich ein klarer Fall.

DIE ALTEN LEIDEN DER JUNGEN MÜTTER

Liebe Mütter, bald ist wieder Muttertag, und da möchte ich Ihnen von Herzen gratulieren. Für Ihren Mut und Ihre turnerische Geschicklichkeit. Tagtäglich stellen Sie diese Fähigkeiten unter Beweis, wenn Sie sich mit Ihren Kindern und den dazugehörenden Wagen in unsere Trams getrauen. Regelmässig darf ich dann die mitreissenden Dramen verfolgen, die sich an den Haltestellen abspielen. Da wird verzweifelt versucht, den Kinderwagen bei der vordersten, leider etwas engen Türe ins Tram zu befördern. Da werden schwerste Geräte in akrobatischer Manier, das heisst mit gestreckten Armen und nur einen Fingerbreit unterhalb der Türkante, ins Traminnere gewuchtet. Da wird viel geschwitzt und geflucht, wenn ein Kinderwagen von den Türen eingeklemmt wird, bevor die Stufen überwunden sind.

Die herausfordernde Architektur der gängigen Trams ist das eine. Das andere der technologische Fortschritt, der sich an den Kinderwagen vollzieht. Diese sind nämlich, denselben Gesetzen wie die Automobilindustrie gehorchend, immer robuster, schneller und auch geländegängiger geworden. Mit dem Resultat, dass man seine Kinder mittlerweile problemlos mit zwanzig Stundenkilometern vor sich herschieben kann und selbst die Single Trails der Mountainbiker am Uetliberg schafft. Bloss kriegt man die Sportmaschinen kaum mehr ins Tram. Schon gar nicht alleine.

Schön, gibt es Menschen, die bereit sind, eine Rolle in diesem Schauspiel zu übernehmen, die also ihren guten Willen zeigen und Hand anlegen. Leider wissen viele nicht, wo anpacken, sie versuchen es an der Armlehne oder am Rad, was die Kinderwagen immer wieder in Schieflage bringt. Andere wollen sich nicht aufdrängen. Sorry, heisst es dann, aber ich habs im Rücken, ein Bandscheibenvorfall, der Ischias. Gelegentlich kommt es vor, dass sich gar niemand einer Kleinfamilie erbarmt. Worauf Mütter, die nicht auf das nächste Tram warten wollen, beherzt aufs Trittbrett steigen und das Fahrzeug so lange blockieren, bis der Wagenführer mittels Mikrofon jemanden zum Helfen abkommandiert.

Haben es Mutter und Kind samt Vehikel einmal ins Tram geschafft, mischen sich die anderen Passagiere ins Geschehen ein. Böse Blicke oder auch verbale Bosheiten werden ausgetauscht, wenn der Sprössling lauthals schreit. Und wird es eng im Tram und der Platz knapp, dann ertönt laut und vorwurfsvoll die Frage, weshalb Mütter ausgerechnet zur Stosszeit mit ihren Kindern unterwegs sein müssen. Ja früher, früher war alles anders. Damals haben sich die Mütter noch damit begnügt, ihren Nachwuchs im Quartier umherzuschieben, damals konnten die Kleinen ihre Stimmorgane noch zu Hause trainieren.

Ich kann die nervliche Belastung mitfühlen. Die Beschallung aus dem Fahrgastraum dringt bis in meine Ohren, und zudem droht mir und meinem Tram Verspätung, wenn sich ein Kinderwagen nicht auf Anhieb verstauen lässt. Ich finde es ja gut, dass die Kleinen so früh wie möglich mit Tram und Bus vertraut gemacht werden. Quasi mit der Muttermilch sollen sie die Vorzüge des öffentlichen Verkehrs aufnehmen. Aber Nerven braucht es schon.

RAUCHZEICHEN

Man braucht kein Pazifist zu sein, um den allerorten tobenden «Krieg gegen die Raucher» mit Unbehagen zu verfolgen. Deshalb will ich an dieser Stelle mein Mitgefühl für alle Freunde des Nikotins zeigen; als Nichtraucher fühle ich mich dazu legitimiert. Ich denke dabei nicht nur an die leicht bekleideten Büroangestellten, die interne Vorschriften aufs Trottoir verbannt haben und die ich aus meiner geschützten Führerkabine beobachte, wie sie bei Schnee und Regen angestrengt zu rauchen versuchen. Nein, ich will hier der Tabakliebhaber gedenken, die für die Dauer einer ganzen Tramfahrt vollständig aufs Rauchen verzichten müssen.

Die Rauchpause hat bei den VBZ Tradition, bereits 1963 war der Qualm aus den Trams verbannt worden. Inzwischen ist Rauchen immer anspruchsvoller geworden. Seit 1992 gilt auf der Zürcher S-Bahn ein Verbot, 1998 zogen die Swissair und Ende 2005 die SBB nach, und laufend kommen neue Sperrzonen dazu. Als Nichtraucher freue ich mich über diese Entwicklung. Nicht aber als Tramführer. Je stärker die Raucher bedrängt werden, desto dringlicher ihr Wunsch, bis zum allerletzten Augenblick vor der Abfahrt zu paffen. An Endstationen muss ich miterleben, wie dies den Fahrgästen zusetzt. Mit gehetztem Blick fragen sie mich, ob ich gleich abfahre oder ob die Zeit noch reiche für eine Zigarette. Oder wenigstens für ein paar Züge daran. Hier könnte ich gesundheitsfördernd wirken, angesichts von Risiken und Nebenwirkungen vom Anzünden abraten und einfach sagen «Leider nein» und dazu ein wenig lügen und anfügen «der Fahrplan ruft», auch wenn ich erst in drei, vier Minuten losfahren muss. Ich aber gehe über diese Bedenken hinweg und ermuntere die Raucher zu einer Zigarette. Wer will schon vorsätzlich lügen. Und vor allem sind mir vom Nikotin entspannte Fahrgäste lieber als solche auf Entzug.

Schwieriger ist ein Entgegenkommen während der Fahrt. Im Tram selbst gibt es keine Ausnahmen, es bleiben nur die Haltestellen. Hier versuche ich Geduld aufzubringen, wenn jemand noch ein paar Lungenzüge machen will, als wären es die letzten seines Lebens. Richtig nervös werde ich erst, wenn ein Glimmstängel auf dem Trittbrett ganz abgeraucht werden soll. In diesen Fällen mahne ich mit der Hand oder der Fussglocke zur vorzeitigen Beseitigung der Zigarette. Das Ausmass solcher Entsorgungsaktionen offenbart sich an den Haltestellen.

Womit ein weiteres Problem auftritt: die mangelnde Achtung vor dem Tabak. Selbst als Nichtraucher schmerzt es mich, zusehen zu müssen, wie frisch angezündete Zigaretten weggeworfen werden. Da ist es nur ein schwacher Trost, wenn man weiss, dass hier vielfach zum Aberglauben neigende Menschen am Werk sind: Raucher nämlich, die sich extra eine Zigarette anzünden, damit sie nicht lange auf das Tram warten müssen (kaum brennt der Stängel, biegt ein Fahrzeug um die Ecke). Wie auch immer, ich finde es nicht gut, wenn Naturprodukte verschwendet werden. Erst recht, wenn ich an die Bauern denke, die den Tabak in mühseliger Arbeit angepflanzt und geerntet haben – Strapazen, die auch mit öffentlichen Subventionen nur ungenügend zu entschädigen sind.

ABER EINIGE SIND GLEICHER

Es gibt viele Gründe, Tramführer zu beneiden. Sie brauchen kein Trambillet, können im Sommer bei der Arbeit Shorts tragen. Und sie haben beim Fahren immer Vortritt. Vor allem dieses verkehrstechnische Privileg stösst bei meinen Freunden auf Unverständnis. Regelmässig muss ich mich von Fragen über die Gerechtigkeit im Verkehr bedrängen lassen (nachdem mir schaurige Beschreibungen von fingerdicken Krampfadern zuteil geworden sind, auf welche kurze Uniformhosen den Blick freigegeben haben). Wozu, nörgeln meine Freunde, haben wir Fussgängerstreifen? Und was nützt der Rechtsvortritt, wenn sich Trams nicht daran zu halten brauchen und mit der Rasselglocke alles verscheuchen, was im Weg ist?

Beim Tramvortritt handelt es sich um ein Naturgesetz – mit diesen eher allgemeinen Worten versuche ich Verständnis für die Bevorzugung meines Berufsstands zu wecken. Mit dem Schweizerischen Strassenverkehrsgesetz brauche ich nicht zu kommen, der Hinweis auf den einschlägigen Paragraphen (Artikel 38: «Der Strassenbahn ist das Geleise freizugeben und der Vortritt zu lassen») vermag meine Freunde nicht zu beeindrucken. Ich halte mich also an die Natur. Der Tramvortritt, hole ich aus, ist vergleichbar mit der Schwerkraft oder dem Umstand, dass die Sonne im Osten auf- und im Westen untergeht. Und wie in der Natur ist die Frage nach der Gerechtigkeit ausgeklammert. (Wer im Osten lebt, beklagt sich ja auch nicht ständig darüber, dass er keine Sonnenuntergänge zu sehen bekommt.) Vielleicht hinkt der Vergleich ein bisschen, aber eine bessere Erklärung ist mir bis heute nicht eingefallen.

DIE LOGIK DER STRASSE

Mit dem Tramvortritt verhält es sich wie mit allen Privilegien. Man gewöhnt sich schnell daran, bis ein Leben ohne nicht mehr möglich ist. Vor jedem Zebrastreifen hätten wir auf Schritttempo abzubremsen, auf jede Kreuzung würden wir gemütlich zurollen, um allen von rechts die Vorfahrt zu lassen. Und doch, denke ich manchmal, sollte man diese Form der Gleichberechtigung vielleicht einmal ausprobieren. Eine ungeahnte Entschleunigung müsste sich einstellen. Ein kleiner Beitrag zum Stressabbau, auch für jene Fahrgäste, die sonst, wenn der Verkehr und mit ihm mein Tram vorübergehend stillstehen, rasch nervös werden.

Wie schnell solche Experimente ausser Kontrolle geraten können, wird mir spätestens bewusst, wenn ich zum Central komme. Auf dieser Kreuzung werden öffentlicher und individueller Verkehr wenn nicht gleich, so doch etwas gleicher behandelt. Denn hier leiten Polizisten den morgendlichen und abendlichen Stossverkehr. Vor ihrer Trillerpfeife haben die Tramfahrer zu parieren. Und tatsächlich läuft das Leben hier erheblich langsamer ab. So langsam, dass ich lyrisch werden könnte:

Die Limmat, sie fliesst weise
Autos gleiten leise
mein Tram ruht ganz formell

Einzig meine Aufregung
über die Verspätung nun
sie wächst rasend schnell

LIEBE AARGAUER

Wer an dieser Stelle einen Witz über das Verkehrsverhalten der Aargauer erwartet (und der Aargauerinnen, die auch in die einladende Stadt am Zürichsee zu strömen belieben) oder sonst etwas Herabsetzendes über die Nachbarn aus Zürich West, den muss ich enttäuschen. Wenn ich mich hier an die Pendler und Zugezogenen wende, dann mehr im Sinne einer Ehrenrettung. Denn, so viel gleich vorweg, nicht nur die Automobilisten aus dem Aargau verlangen Tramführern volle Konzentration ab. Auch Taxi-, Velo- und Lernfahrer (und Fahrlehrer in der Freizeit) sowie zur Ruhelosigkeit neigende Fussgänger halten unsereins bei Laune. Egal woher sie kommen.

Hielten sich alle stur an die einmal aufgestellten Regeln, so wäre der Stadtverkehr (und das Leben im Allgemeinen) schrecklich langweilig. Man muss es im Gegenteil fast schon als Glück bezeichnen, dass Zürich von vielen Menschen bevölkert ist, die es mit den Verkehrsregeln nicht allzu pedantisch nehmen. Dies, weil sie es entweder eilig haben oder sie nicht mit dem Tramverkehr sozialisiert worden sind. Oder beides zusammen. (Für eine vollständige Angewöhnung an Schienenfahrzeuge, liebe Aargauer, reicht eure Wynen- und Suhrentalbahn nicht aus.)

All diese Menschen sorgen dafür, dass in unserem Beruf keine Monotonie aufkommt und wir nicht einschlafen. Dank ihnen bleibt die Fahrt über Zürichs Schienen spektakulär, und ich kann meiner Frau immer wieder etwas erzählen, wenn ich abends nach Hause komme. Zum Beispiel von einer Vollbremsung am Gloriadreieck. Wie berechenbar wäre meine Arbeit, wenn zwischen Universitätsspital und Kantonsschule alle Autofahrer diszipliniert und frühzeitig vor jedem nahenden Tram anhalten würden. Wie eintönig, wenn niemand im dichten Abendverkehr über das nicht mehr ganz grüne Lichtsignal bei der Sihlpost rollen würde, um dann mitten auf der Kreuzung bei der Gessnerbrücke, das heisst, exakt auf den Tramschienen zum Stillstand zu kommen. Ganz zu schweigen von jenen Zeitgenossen, die auf unsere Geleise geraten, weil sie einen Velofahrer überholen oder einfach etwas mehr Platz für ihren Geländewagen brauchen.

Bleiben die Mobility-Fahrer. Sie sind speziell anregend, weil unberechenbar. Ich kann es ihnen nicht verübeln. Wer sich nur ein-, zweimal im Jahr ans Steuer wagt, ist genügend mit der automobilen Technik beschäftigt. Die Wirkung dieser Leihwagenfahrer lässt sich am ehesten mit Red Bull oder Guarana-Kapseln vergleichen. Und seit die Mobility-Fahrzeuge nicht mehr alle rot sind, bin ich noch wachsamer. Mit etwas Glück stosse ich dabei auf eine besonders aufpeitschende Kombination: auf Mobility-Fahrzeuge, deren Heck eine blaue Tafel mit weissem «L» ziert. Die Mischung aus Gelegenheits- und Lernfahrer verlangt grössten Respekt. Und auch einen ausreichenden Sicherheitsabstand. So ist es mir dann kaum noch möglich, das Kantonswappen auf dem Nummernschild zu erkennen.

ICH UND DIE GELÄNDEWAGEN

Wenn mir wieder einmal ein Geländewagen die Tramschienen versperrt, frage ich mich oft: Verändert ein grosses Auto einen Menschen? Führen sie dazu, dass ihr Fahrer plötzlich mehr Platz in dieser Welt beansprucht wie sein Auto und dadurch ganz automatisch zu einem raumgreifenden Fahrstil neigt? Karl Marx hätte darauf eine klare Antwort gehabt: Ja. Der Philosoph hatte festgehalten, es sind die materiellen Dinge, die das menschliche Handeln bestimmen. Philosophie in Ehren, aber ich wollte mir ein eigenes Bild machen.

Mit anderen Worten: Ich brauchte einen Geländewagen für eine Versuchsfahrt, und zwar einen möglichst grossen. Da ich keinen Freund habe, der sich ein vergleichbares Gefährt leistet, entschied ich mich für eine reguläre Testfahrt. Dabei fiel meine Wahl auf den X5 von BMW. Irgendwie war mir dessen «sportliche Nierenform» (so steht es im Prospekt) immer aufgefallen, wenn ich wartete, bis ein solcher Wagen vom Tramgeleise weggefahren war. «Schreiben Sie gut über das Auto», hatte mir die freundliche Dame bei BMW noch gesagt, als sie mir den Schlüssel überreichte. Und schon war ich unterwegs.

Zielstrebig fuhr ich für meinen Feldversuch in die Zürcher Innenstadt. Und stellte dabei zuerst einmal fest, dass die Unterschiede zwischen einem X5 und einem Tram 2000 (das sind die nicht ganz so nierenförmigen Gefährte, die zum Beispiel auf der Linie 3 eingesetzt werden) gar nicht so gross sind. Der BMW hat ein Steuerrad aus Leder, das Tram 2000 eines aus Holz. Beide Fahrzeuge gibt es mit Sitzheizung. Und mit dem GPS-Navigator des X5 kann es die Leitstelle der VBZ locker aufnehmen, auch die ist immer genau über unsere Position im Bild.

DIE LOGIK DER STRASSE

Im abendlichen Stossverkehr erlebte ich die zweite Überraschung. Ich hatte nicht die geringsten Probleme, auf meiner Fahrbahn zu bleiben. An der Rämistrasse geriet ich trotz Autokolonne nicht auf das Geleise, beim Bellevue blieb ich nicht auf der Kreuzung vor einem Tram stehen, und auch beim Central schnitt ich keinem Kollegen den Vortritt ab. Dass ich den x5 so problemlos in den Verkehr einordnen konnte, musste nicht zwangsläufig für das Auto sprechen. Es könnte auch daran liegen, sagte ich mir, dass ich das Zürcher Tramnetz zu gut kenne. Ich wollte es ganz genau wissen und fuhr nach Basel. Doch auch dort schaffte ich es nicht, den öffentlichen Verkehr aufzuhalten. Es gelang mir vielmehr, spurtreu von Gross- nach Kleinbasel und wieder zurückzufahren. Ob am Aeschen- oder am Wettsteinplatz, ob auf der Mittleren Brücke oder beim Barfüsserplatz: kein schrilles Rasseln, keine aufgeregten Handzeichen von Tramführern.

So gab ich den Wagen mit der Erkenntnis zurück, dass er keinen anderen Menschen aus mir gemacht hatte. Vielleicht, überlegte ich mir, verhält es sich gerade umgekehrt. Vielleicht sind es die raumgreifenden Menschen, die automatisch grosse Autos fahren und sich dann nicht mit ihrer Fahrbahn zufrieden geben. Wie auch immer, wenn mir das nächste Mal ein Geländewagen den Weg versperrt, muss ich versuchen, ganz ruhig zu bleiben. Denn ich weiss, am Auto liegt es nicht.

BERICHT AUS DER KAMPFZONE

Wer nicht Velo fährt, hat keine Freude an den Zweiradfahrern. Von Anarchie ist die Rede, man schimpft über die «Bösewichte auf zwei Rädern». Tatsächlich brauchen Fussgänger und Automobilisten starke Nerven, wenn Radfahrer haarscharf an ihnen vorbeiflitzen. Und auch die Geduld von Tramführern wird strapaziert, wenn sich jemand an der Haltestelle Stauffacher zwischen zwei Fahrzeugen durchschlängelt oder an der Weinbergstrasse von einem Tram den Berg hochziehen lässt.

Meine Tramkollegen wissen vieler solcher Geschichten zu erzählen. Mir gehen vergleichbare Erfahrungen aus dieser Kampfzone ab. Bis heute habe ich keine haarsträubenden Zweiradmanöver erlebt, weder als Tramführer noch auf meinem Velo, mit dem ich zur Arbeit fahre. Mit anderen Worten: Um den Veloalltag aus der Hardcore-Perspektive schildern zu können, musste ich mir etwas anderes einfallen lassen. Und so wandte ich mich an Veloblitz, den Pionier der Zürcher Velokuriere, und brachte den Wunsch vor, einen ihrer Fahrer begleiten zu dürfen.

Ein paar Tage darauf fahre ich mit Felix los – acht Uhr, wolkenverhangener Himmel, Westwind, kühle neun Grad. Von der Veloblitz-Zentrale an der Hardstrasse geht es gleich über die stark befahrene Hardbrücke. Diesen Kick brauche man einfach, meint Felix, ausgebildeter Jurist und seit eineinhalb Jahren Velokurier. Er findet rasch durch den Morgenverkehr, beim Anstieg an der Rosengartenstrasse gerate ich ein erstes Mal ausser Atem, um halb zehn Uhr beginnt es zu regnen (zur Freude von Felix, der mir unbedingt auch die harte Seite des Kurierlebens vermitteln möchte). Bald reisst der Himmel wieder auf, wir bekommen einen Lang-

DIE LOGIK DER STRASSE

strecken-Auftrag nach Küsnacht, fahren zügig den tiefblauen See entlang. Wie Ferien, sagt Felix und lässt den Blick über die aufgewühlte Wasseroberfläche gleiten.

Kreuz und quer pedalen wir durch die Stadt, doch nirgends kommt uns ein Tram in die Quere. Statt Friktionen fallen mir Gemeinsamkeiten auf: Velokuriere wie Tramführer freuen sich an besonderen Wetterstimmungen, sie grüssen sich untereinander, und beide haben ihre Lieblingsstrecken. Einiges ist für die Kuriere einfacher (das Wasserlösen etwa lässt sich unterwegs recht dezent erledigen). Anderes ist anspruchsvoller, Felix muss sein Velo selbst in Schuss halten, während ich auf den zuverlässigen Dienst der Tramtechniker vertrauen kann. Und die Kurierarbeit geht mehr an die Substanz.

So bin ich froh, als wir kurz nach zwölf in die Zentrale zurückkehren. Nach drei Stunden reiner Fahrzeit und sechzig Kilometern kann ich sagen: Die einzige wirkliche Gefahr zwischen Tram und Velo sind die Schienen. Ja nicht mit den dünnen Pneus in der Spur hängenbleiben, heisst die Devise. Ansonsten ist es wie im übrigen Leben: Um den paar schwarzen Schafen, in diesem Fall den Velorowdys, in freier Wildbahn zu begegnen, braucht es Geduld, da reicht ein Morgen nicht. Während ich am Hinterrad von Felix gefahren bin, habe ich zwar ein paar Rotsignale überfahren (eine Busse habe er als Velokurier noch nie bekommen). Doch ich hatte nicht das Gefühl, einen Anarchisten zu begleiten, sondern jemanden, der einfach Spass am Fahren hat. Eigentlich wie beim Tram.

VIERZIG TAGE EINSAMKEIT

Jedes Ende ist hart. Auch der Urlaub stellt in dieser Hinsicht keine Ausnahme dar. Warum, so kann man sich angesichts epidemischer Tristesse zum Ferienende fragen, fahren die Menschen überhaupt weg, wenn es ihnen nachher so schwerfällt, sich wieder im Alltag zurecht zu finden. Da mag es den allgemeinen Wiedereinstieg erleichtern, wenn ich sage: Es gibt in dieser Stadt noch Menschen, die auf die Rückkehr der Fernreisenden gewartet haben. Ich zum Beispiel. Egal ob Sie gerade aus der Karibik, von der Adria oder dem Zeltplatz am Türlersee zurückgereist sind: Schön, sind Sie wieder hier!

Damit Sie mich nicht falsch verstehen, ich argumentiere hier nicht mit universaler Menschenliebe. Es geht mir schlicht und einfach um meine Arbeit. Denn mit Ihrer Rückkehr von den Gestaden dieser Welt füllen Sie mein Tun mit neuem Sinn, meine Existenzfragen verflüchtigen sich, und ich weiss wieder, weshalb ich morgens um fünf aus dem Depot fahre. So fröhlich belebt die Karibik, die Adria oder der Türlersee zur Ferienzeit auch sein mögen – Zürich bleibt verlassen zurück. Zwar gibt es Menschen, denen gefällt es in dieser Zeit am besten hier. Nicht nur Pendler und Zugezogene klagen, dass es das Jahr über zu viele Zürcherinnen und Zürcher in der Stadt hat. Endlich habe man wieder genügend Platz, höre ich meine Freunde sagen. Für eine kurze Zeit brauchen sie sich nicht zu fürchten, in der Schlange vor der Migros-Kasse überholt zu werden.

Auch das Geschehen im städtischen Transportgewerbe beruhigt sich zur Ferienzeit empfindlich. Was für Tramführer durchaus seinen Reiz hat. Aber schon nach dem zweiten Frühdienst

DIE LOGIK DER STRASSE

durch die menschenleere, verkehrsbefreite Stadt habe ich das Ende der Ferien herbeigesehnt. Kein Gedränge an den Haltestellen, keine stehenden Autokolonnen auf den Tramgeleisen, als wären hinterrücks autofreie Tage eingeführt worden. Die Arbeit droht zur Routine zu werden. Nicht einmal die flächendeckend angeordneten Baustellen haben ausgereicht, den Verkehr genügend zu kanalisieren und Stau- und damit ein wenig Grossstadtfeeling aufkommen zu lassen. Umso mehr habe ich mich auf den ersten Tag nach den Ferien gefreut.

Aber auch allen Heimkehrenden hält der sogenannte Alltag unbestreitbare Vorteile bereit. Während es an Ferientagen, subjektiv betrachtet, viel schneller Abend wird, dehnen sich die normalen Tage mit einem Mal wieder in die Länge. Mit anderen Worten, zu Hause hat man eigentlich viel mehr Zeit. Auch braucht man weder auf die Bikinifigur noch auf den Waschbrettbauch zu achten und darf beim Essen wieder richtig zulangen. Der Beziehungsstress fällt rasch auf ein erträgliches Mass zurück, sobald man wieder genügend Auslauf hat. Auf dem Weg zur Arbeit trifft man viele interessante Menschen (im überfüllten Tram zum Beispiel oder im Stau). Und am Arbeitsplatz angekommen, jagen sich aufregende Ferienerzählungen, von der Karibik, der Adria oder dem Türlersee.

IM TEMPORAUSCH

Mit Tabubrüchen verhält es sich wie mit Ferienparadiesen. Man glaubt, in immer fernere Gebiete vordringen zu müssen, um der Erste zu sein. Dabei gibt es sie noch ganz in der Nähe, diese angeblich letzten Bereiche der Zivilisation, über die aus Scham oder falscher Rücksicht geschwiegen wird. Eine dieser Tabuzonen liegt sogar mitten in der Stadt, und sie betrifft den Verkehr: das Langsamfahren. Genauer gesagt, das vorsätzliche, den allgemeinen Verkehrsfluss gefährlich lähmende Schleichen im öffentlichen Raum.

Vor gegenteiligen Risiken wird ständig gewarnt, doch vor lauter Raser-Kampagnen droht das Problem des Langsamverkehrs unterzugehen. Höchste Zeit also, dass sich jemand getraut, dieses Ärgernis beim Namen zu nennen. Denn auch hier lauern Gefahren. Notorische Schleicher hindern nachfolgende Menschen an ihrem Vorwärtsstreben, bedrohliche Annäherungen von Fahrzeugen sind die Folge. Allerdings soll der Blick weniger auf die ortsunkundigen oder aus sonst welchen Gründen eingeschüchterten Autofahrer gelenkt werden. Und ich will auch nicht jene zur Entschleunigung beitragenden Automobilistinnen anprangern, die ihre Lippen für die nächste Sitzung nachmalen.

Hier geht es um das Tram. An gewissen Orten ist es nicht übertrieben, unsere blau-weissen Fahrzeuge als Antiraser zu bezeichnen. Immer wieder schleiche ich im Schritttempo durch Kurven und halte den übrigen Verkehr auf. Besonders wirksam ist diese Form der Verkehrsberuhigung bei der Einfahrt von der Bahnhofstrasse in den Bürkliplatz – obwohl das Signal schon längst auf Grün steht, kommen die Autoreisenden nicht über die Kreuzung. Mein Tram steht im Weg, und rasch ist der vertraute Klang von

DIE LOGIK DER STRASSE

Autohupen zu vernehmen. Aber auch die Fahrgäste werden bisweilen unruhig, wenn etwa bei der Einfahrt zum Hauptbahnhof wertvolle Sekunden verloren gehen und der angepeilte Zug abzufahren droht.

Für Dinge, die einen im Leben ärgern, sucht man gerne nach einem tieferen Grund. In diesem Fall sind folgende Erklärungen denkbar: Tramführer sind entweder Sadisten (sie machen es absichtlich, um Autofahrer zu ärgern). Sie sind farbenblind (sie fahren bei orange, das heisst bei blinkendem Signal über die Kreuzung). Oder sie haben vor Hitze schlappgemacht (weil der Aufenthalt in den unklimatisierten Führerkabinen sämtliche Körperfunktionen verlangsamt). Ein möglicher Punkt ist damit noch nicht genannt, unsere internen Vorschriften. Für jeden Abschnitt und jede Kurve auf dem 109 Kilometer langen Schienennetz ist die zulässige Geschwindigkeit definiert. Am schnellsten, 60 Stundenkilometer, darf auf geraden Strecken mit eigenem Trassee gefahren werden, in ganz engen Kurven wie beim Bürkliplatz reduziert sich das Tempo auf 12 km/h. Damit sollen nicht nur die Schienen geschont, sondern auch die Passagiere vor den Gefahren der Fliehkraft bewahrt werden. Wie gesagt, das sind Höchstgeschwindigkeiten. Und damit diese eingehalten werden, gibt es auch bei uns Radarmessungen. Was erklärt, weshalb viele Tramführer die scharfen Kurven schön gemächlich nehmen. Man weiss nie, wo sich gerade jemand mit einer Radarpistole versteckt.

SCHA|DEN|FREU|DE, DIE

Früher oder später schreibt jeder Kolumnist über den so genannten Schreibstau und versucht in dramatischen Worten die Beklemmung zu schildern, wenn ihm nichts einfällt. Doch ich will Sie hier verschonen mit solchen Leidensgeschichten. Lieber schreibe ich über Stauerfahrungen, die ich bei meiner Arbeit im Tram sammeln darf. Streng genommen kein ergiebiges Thema, denn ich gerate nur selten in einen Tramstau, allenfalls auf der Quaibrücke Richtung Bellevue oder beim Central, wenn sich ein paar Trams vor mir aufgereiht haben.

Viel häufiger fahre ich an stehenden Autokolonnen vorbei, am häufigsten mit der Linie 3 den Seilergraben zum Central hinunter und mit der Linie 5 den General-Guisan-Quai entlang. In solchen Situationen richte ich meinen Blick auf die zum Stillstand verurteilten Menschen. Wie Märtyrer der mobilen Welt kommen sie mir vor. Viele der Blockierten wissen sich allerdings zu helfen und die Zeit mit allerlei sinnvollen Verrichtungen zu vertreiben, vom Telefonieren über die Lektüre der Zeitung bis zur Leerung von Aschenbechern. Manchmal – ich habe lange gezögert, es öffentlich kundzutun, denn ich will nicht den Eindruck erwecken, mir mangle es an Einfühlungsvermögen für die anderen Verkehrsteilnehmer dieser Stadt, aber ich will hier ehrlich sein –, manchmal also, da spüre ich so etwas wie Freude in mir aufkommen, wenn ich an einer Autokolonne vorbeifahre.

Ich komme mir dann unheimlich schnell vor. Es ist ja nicht selbstverständlich, mit einem Tram die Autos zu überholen. Auf der einen Seite diese PS-starken Wagen, die in ein paar Sekunden von Null auf Hundert beschleunigen, auf der andern Seite unsere

DIE LOGIK DER STRASSE

gutmütigen Trams, die 18,3 Sekunden brauchen (mit meiner Armbanduhr handgestoppt), und zwar von null auf sechzig, mehr liegt nicht drin. Getrübt wird meine Freude nur gelegentlich, wenn sich die Autos auf den Schienen stauen und den Tramverkehr blockieren.

Nun habe ich es gesagt: dass ich das Aufkommen von Schadenfreude nicht konsequent unterdrücken kann. Und ich habe mir dafür auch eine Erklärung zurechtgelegt. Mit dieser Freude verhält es sich wie mit Genussmitteln, mit Mass konsumiert können sie der Gesundheit durchaus zuträglich sein. In gewissen Situationen beobachte ich nämlich an mir, wie diese als «Macht der Ohnmächtigen» bezeichnete Gefühlsregung eine schon fast psychohygienische Wirkung entfaltet, nach Notbremsungen, Beinahekollisionen oder anderen durch Autolenker hervorgerufenen Aufregungen.

Die kleine Freude am Stillstand ist ein Ventil, um Druck abzulassen und damit der Gefahr eines Magengeschwürs vorzubeugen. Dazu fällt mir die Frage eines Lesers ein: Wie rächt sich eigentlich ein Tramchauffeur? Der Fragesteller beschäftigt sich schon länger mit dem Thema, wie er mir mitteilte, denn er hat unter dem Pseudonym John Punisher (ins Deutsche übersetzt etwa Hans der Rächer) ein Schwarzbuch der Rache verfasst. Über dreihundert Beispiele aus dem Alltag sind darin erläutert. Eine Geschichte aus dem Tram fehlt, und das ist kein Zufall. Wir plaudern nicht alle unsere Geheimnisse aus.

SCHÖNER TRAM FAHREN

Zürcherinnen und Zürcher müssten immer schöner werden. Beim Tramfahren fällt mir zumindest die wachsende Zahl von Verschönerungsanstalten auf. Wer etwas an sich machen lassen will, wie die Praktiken bedeutungsvoll umschrieben werden, hat eine grosse Auswahl. Entlang der Tramlinien präsentiert sich mir ein Angebot, das reicht von eher Niederschwelligem wie Haarentfernung oder Zahnbleichung über elektromagnetische Behandlungen und Knetmassagen bis zum Fettabsaugen. Von Spritzenkuren für Lippen und übrige Körperbereiche ganz zu schweigen. Nun ist die Veredelung des menschlichen Körpers nichts Neues, sie geht weit in die vorchristliche Zeit zurück. Bereits 2700 v. u. Z. sollen erste Perücken hergestellt worden sein. Im 13. Jahrhundert nach Christus betrieben dann die so genannten Bader neben dem Schneiden von Haaren auch die «kleine Chirurgie»; diese umfasste das Zahnziehen, das Schröpfen und Klistieren wie auch die Behandlung von Schussverletzungen und Hautleiden. Die Betreiber von Kosmetiksalons haben sich also nur auf die ursprüngliche Vielfalt des Coiffeurhandwerks besonnen.

Doch was hat das mit dem Tramfahren zu tun? Recht viel. Denn es gibt einiges zu sehen von diesen Verschönerungsaktionen. Gerne suche ich die Fahrgäste nach Spuren möglicher Eingriffe ab. Man liest viel über Frauen und Männer, die sich aufbessern lassen, da möchte man gerne wissen, was das für Menschen sind. Wer vom Coiffeur kommt, ist einfach zu erkennen: Hochtoupiertes, nach Festiger riechendes Haar verrät frische Haarkunst. Beim Aufspritzen von Lippen oder der künstlichen Formung anderer Körperpartien ist es schwieriger. Nach solchen Behandlungen will man sich nicht unbedingt in aller Öffentlichkeit zeigen, da wartet man lieber, bis alles wieder verheilt ist. Umso besser, dass sich einige dieser kleinchirurgischen Salons direkt bei einer Tramhaltestelle angesiedelt haben. In aller Ruhe kann ich dann die Schönheitssuchenden durchs Schaufenster beobachten. Oder später beim Verlassen der Werkstatt.

Lohnen sich solche Investitionen in den eigenen Körper? Oder anders, tramspezifischer gefragt: Fährt das Tram schönen beziehungsweise verschönerten Menschen seltener vor der von störenden Knorpelhöckern befreiten Nase ab? Einige Wochen lange habe ich versucht, mein diesbezügliches Abfahrverhalten zu analysieren. Das Fazit: Im Zweifelsfall entscheidet weniger das Aussehen darüber, ob ich trotz Fahrplandruck und drohender Verspätung die Türe nochmals öffne. Im Gegenteil, wer nur auf sein Äusseres vertraut und ohne den Fahrer anzusehen Richtung Tram stolziert, stösst auf verschlossene Türen. Hinderlich ist auch das überdeutliche Zusammenbeissen der Zähne oder eine Mimik, die den Ärger über das Stehenbleiben bereits vorwegnimmt. Wenn einem körperlichen Merkmal grössere Bedeutung zukommt, dann dem Gesichtsausdruck. Der sollte freundlich sein, nicht übertrieben, nicht gekünstelt, einfach freundlich. Dazu ein unmissverständlicher und doch höflicher Blick. Beides zusammen erhöht die Chance auf sofortigen Transport. Egal ob diese Augen zu einer Traumfigur gehören oder zu einem Körper, bei welchem plastische Chirurgen an ihre Möglichkeiten denken.

DETEKTIV IM NEBENAMT

Die Augen sind ein unerlässliches Organ jedes Tramführers. Es braucht Augenmass, um an stehenden Kolonnen vorbeizufahren. Man sollte den richtigen Augenblick für die Weiterfahrt erwischen. Auch ein Augenzwinkern zur richtigen Zeit schadet nicht. Und ganz nebenbei hilft ein klarer Blick, eine Nebenrolle zu bewältigen, die dieser Beruf bereithält: die des Privatdetektivs. Fast zwangsläufig kreuzen sich nämlich die Wege meiner Freunde und Bekannten mit den Tramschienen. Alles, was ich brauche, ist etwas Geduld, bis im Überwachungsmonitor, das heisst vor der Windschutzscheibe, bekannte Gesichter oder verdächtige Spuren auszumachen sind.

Fahre ich mit der Linie 2 durchs Seefeld, so halte ich also morgens nach einem schwarzen Motorrad Ausschau, um zu sehen, ob Philipp bereits arbeitet. Beim Bürkliplatz versuche ich dienstags und freitags zu sehen, was Béatrice gerade auf dem Markt einkauft. Und beim Stauffacher achte ich abends auf die Rollläden vor Rolfs Fenster, um zu wissen, wie gross der Arbeitsanfall auf der Bank ist. Auch für die kleinen Veränderungen versuche ich immer ein offenes Auge zu haben. Wenn ich zum Beispiel Fredy über das Bellevue gehen sehe, registriere ich, dass er den Bart gestutzt hat. Mir fällt auf, dass Irene schwanger ist. Ich sehe, ob Michel wieder ein neues T-Shirt gekauft hat. Und ich weiss über Roberts Trainingsstand Bescheid, wenn ich ihn über die Quaibrücke joggen sehe.

Statt nach Freunden Ausschau zu halten, soll sich unsereins doch besser auf den Verkehr konzentrieren, mag man hier einwenden. Ich möchte entgegenhalten, dass ich dank solchen Beobachtungen wach bleibe und erst noch meine Augen beweglich halte. Und ganz nebenbei vermittelt es mir das Gefühl, nicht in einer anonymen Stadt, sondern in einem Dorf unterwegs zu sein, wo mir ständig der eine oder andere Bekannte über den Weg läuft. Was ich dann mit einem dezenten Klingeln zu signalisieren versuche. Wie langweilig nehmen sich dagegen die Einblicke anderer Berufsgattungen aus. Ein Zahnarzt vermag anhand der Speisereste, die er aus den Zahnzwischenräumen kratzt, auf die letzte Mahlzeit seiner Patienten zu schliessen. Kleiderverkäufer wissen, wenn jemand um eine Grösseneinheit in die Breite gegangen ist. Automechaniker sind stets über die neusten Parkschäden auf dem Laufenden. Und wer ganz ohne Kundenkontakt in einem Büro vor sich hin arbeitet, kann sich überhaupt nicht vorstellen, was die Menschen so treiben.

Ich komme mir enorm privilegiert vor. Von unermesslichem Vorteil für meine detektivischen Beobachtungen ist, um an dieser Stelle wieder einmal einen bekannten Walliser Fussballfunktionär zu zitieren, natürlich die «erhabene», das heisst erhöhte Perspektive beim Tramfahren selbst. Leider funktioniert die Überwachung auch in umgekehrter Richtung, auch ich werde bei meiner Arbeit ständig beobachtet. Und so muss ich mir Bemerkungen aus dem Freundeskreis gefallen lassen, ich sei mit ernstem Gesichtsausdruck unterwegs gewesen. Oder in der Nase bohrend.

UNTERHALTUNG INKLUSIVE

Rauchverbote, Kleidervorschriften, Parkordnungen – die Regeldichte in unserem Alltag nimmt zu. Als kleiner Kontrapunkt soll hier ein umgekehrter Fall, das heisst ein offizieller Regelverzicht, behandelt werden: die Konversation mit dem Tramführer. Lange Zeit waren solche Gespräche strikte untersagt, heute darf geredet werden. «Jede Unterhaltung mit dem Wagenführer während der Fahrt ist verboten», hiess es in den Zürcher Trams. Bisweilen wurde die Gesprächsverweigerung auch dezenter formuliert; in Bern wurde etwa festgehalten: «Es ist unklug, während der Fahrt mit dem Wagenführer zu sprechen.»

Egal ob verboten oder unklug, es sollte geschwiegen werden. Wer jetzt denkt, die Schilder seien entfernt worden, um der Einsamkeit des Fahrers entgegenzuwirken (und damit einen Beitrag gegen das Überhandnehmen von Selbstgesprächen zu leisten), der irrt. Der Grund war profaner. Mit den Billettautomaten brauchte es die Kondukteure nicht mehr. Die hatten nicht nur Fahrscheine verkauft, sondern waren auch Auskunftsperson, Gesprächspartner und Helfer in besonderen Lebenslagen. Dann wurde diese anspruchsvolle Aufgabe nach und nach den Wagenführern übertragen.

Einige Fahrgäste vermeiden Gespräche mit Wagenführern noch immer. Entweder weil sie mit den restriktiven Regeln aufgewachsen sind. Oder weil sie aus anderen Städten nach Zürich gefunden haben, zum Beispiel aus München, wo das Verbot noch immer gilt. Doch es gibt Menschen, die haben die Zurückhaltung abgelegt, Menschen, die entweder viel zu erzählen oder wenig Zuhörer haben oder beides zusammen. Und da bekommt man dann eini-

ZIMMER MIT AUSSICHT

ges zu hören. Ich meine nicht jene Geschichten, denen man sich wegen der mobilen Telefonie nur schwer entziehen kann. Ich meine die Gespräche, vielfach eher Monologe, die sich durch das Fenster in meine Führerkabine ergiessen.

Wenn sich ein Fahrgast ereifert und politisch quere Ansichten äussert, dann kann das etwas unangenehm werden. Aber meist erfährt man viel Interessantes, das heisst Persönliches. Die Fahrt zwischen Platte und Toblerplatz (drei Stationen) kann lange genug sein, um mir eine halbe Lebensgeschichte zu erzählen. Eine Frau um die sechzig war es, die auf dieser Strecke von ihrer Gesundheit erzählte (sie musste zu ihrer Ärztin), dann rückwärts auf ihren Zivilstand kam (sie war verwitwet und bezog eine gute Rente), von ihren Kindern berichtete (vier an der Zahl, ein Foto ihrer Tochter streckte sie mir durchs Fenster) und schliesslich noch das Finanzielle abhandelte (das Geld war knapp damals, sie hatte vorübergehend zwei Jobs, bis um Mitternacht putzte sie Büros, ab drei Uhr morgens verteilte sie Zeitungen). Dann verliess sie das Tram. Fünf Minuten reichten ihr, um mir zu erzählen, wofür sie zwanzig, dreissig Jahre gebraucht hatte. Sie musste sich auf die Schlüsselmomente ihrer Biografie konzentrieren. Genau das macht den einzigartigen Charme von Tramkonversationen aus: dass Fahr- und damit Redezeit beschränkt sind.

ZÜRCHER JUGEND FORSCHT

Direkt vor meinen Augen ist unlängst ein wissenschaftliches Experiment durchgeführt worden. Am Klusplatz war es, da legten zwei Buben ein paar Münzen auf die Schienen. Dann warteten sie gespannt, bis ich mit dem Tram darüberfuhr. Solche Dinge strapazieren meine Nerven, denn die beiden sind recht nahe an das Tram gekommen. Sie wollten ihr Versuchsmaterial erst im allerletzten Moment in die richtige Position bringen. Wie ich aber die Erregung in ihren Gesichtern sah, als die Münzen unter dem Tram verschwanden, sah ich davon ab, auszusteigen und ihnen meine Meinung zu sagen. Und ich erinnerte mich daran, dass wir die gleichen Spiele getrieben hatten (damals auf der Linie 14, allerdings nicht jene zum Triemli hoch, ich wurde mit den grünen Trämli von Basel sozialisiert).

Die Jugend von heute, sagte ich mir, ist gar nicht so anders. Dann habe ich weiter an diesem Versuch herumstudiert. Meistens bleibe ich länger beim gleichen Gedanken hängen, das bringt das Tramfahren mit sich. Und so bin ich darauf gekommen, wie unglaublich wertvoll das Experiment doch ist, gerade für junge Menschen. Zuallererst lernen sie etwas über die Technik. Das Tram fährt nicht in der Rille, man muss die Münzen schon auf den breiten, polierten Metallstrang legen, damit sie die Form verändern. Dass die Geldstücke überhaupt flach werden, darin steckt der eigentliche pädagogische Kern. Ich will nicht übertreiben, wenn ich sage, dies verändert den Blick auf die Welt. Die Räder des Trams, erfahren die kleinen Forscher, sind härter als die Münzen. Und zudem lernen sie ganz konkret: Tramräder sind härter als der Schweizer Franken. So lässt sich die Relativität unserer Währung ganz unmittelbar erfahren, da braucht man nicht in die Ferien zu reisen und sich dann über den starken Euro zu wundern.

Als ich noch weiter im Kreis fuhr und dachte, bin ich neugierig geworden. Ich fragte mich, wer wohl mehr aus der Form gerät, ein Franken oder ein Euro. Ein paar Tage später nahm ich je ein Geldstück mit, legte es auf die Schienen und fuhr darüber. Dann ging ich damit zu Josef, er ist Schreiner und verfügt über das nötige Präzisionswerkzeug, um die Münzen zu vermessen, auf den Zehntelmillimeter genau. Das Resultat war eindeutig: Der Franken wurde um neun Prozent breiter, der Euro nur um acht Prozent. Ob wir es wahrhaben wollen oder nicht, die europäische Währung ist härter.

Wenn auch nicht viel. Denn beide Geldstücke sind flacher geworden. Und so lernen die Kinder noch etwas. Wollen sie mit der bearbeiteten Münze ein Ticket lösen, spuckt sie der Automat wieder aus. Und auch die Frau oder der Mann im Kiosk will nichts davon wissen, wenn sie eine saure Gurke oder eine andere Schleckerei erstehen möchten. Der Franken hat seinen Wert verloren, obwohl die Helvetia noch immer gut zu erkennen ist samt Schild und Speer. Früher mussten die Münzen aus Gold oder Silber sein, damit die Menschen sie als Zahlungsmittel akzeptierten, danach waren sie lange mit Gold hinterlegt bei der Nationalbank. Und heute müssen wir einfach daran glauben. Zumindest so lange, bis ein Geldstück ein bisschen in die Breite geht. Worauf wir dann etwas über die Vergänglichkeit erfahren.

HARDCORE SOUND

Tramführer sind schwerhörig. Das muss denken, wer gerade von einer Rasselglocke aufgeschreckt worden ist. Ich gebe zu, dieses wertvolle Arbeitsinstrument ist recht schrill im Klang. Aber ebenso unverzichtbar, um etwa Automobilisten auf ein Tram aufmerksam zu machen, die gerade ihre neuen Subwooferboxen mit integriertem Verstärker testen. Das wichtigste Organ eines Tramführers sind die Augen, doch auch der Gehörsinn ist im Allgemeinen gut ausgebildet. Es ist durchaus von Vorteil, wenn man die Sirene hört, bevor ein Polizeiauto über eine Kreuzung gejagt kommt.

Lange Einleitung, kurzer Sinn: Ich höre gut, und manchmal finde ich es schade, dass musikalische Untermalung während unserer Arbeit untersagt ist. Ich meine, Lastwagen- und auch Postautofahrer können das Radio laufen lassen. Aber unsere Vorschriften sind absolut schalldicht. «Persönliche akustische Geräte dürfen auf der Fahrt nicht eingesetzt werden.» Bleibt die sporadische Beschallung aus dem Fahrgastraum. Eher selten durch Sänger, Gitarristen oder jene inzwischen fast schon ausgestorbene Spezies, die Ghettoblaster durch die Welt trägt. Ich denke eher an Menschen mit Musikgehör, die sich ständig neue Melodien auf ihr Mobiltelefon laden und – weil die Klingeltöne nicht gratis sind – extra lange warten, bis sie einen Anruf abnehmen.

Doch das ist kein richtiger Ersatz. Zum Glück verfügen wir über ein musikalisches Gerät, das fest in der Führerkabine installiert ist: der Tachograph. TEL R10, lautet die genaue Bezeichnung, ein Schweizer Qualitätsprodukt, vor fünfzig Jahren von der Firma Hasler in Bern entwickelt. Bis heute ist das unverwechselbare Ticken zu hören, nicht nur in den Fahrzeugen der VBZ, sondern in zahlreichen Bahnen, bis nach Afrika und Indien. Da spielt es keine Rolle, dass der eigentliche Zweck ein anderer ist und das Gerät die Fahrgeschwindigkeit anzeigen und auf einer Scheibe registrieren soll. Auch die Passagiere kommen in den Genuss dieses Sounds. Nach der Durchsage der Haltestelle hallt er jeweils kurze Zeit durchs Tram. Wir hören es ständig, sobald sich das Fahrzeug in Bewegung setzt. Klingt anfangs etwas metallisch im Ohr, aber inzwischen mag ich die Musik. Wer auf Melodiöses steht, dem ist sie vielleicht zu abstrakt. Aber der Rhythmus ist gut, richtig anregend. Einhundertachtzig Schläge pro Minute, habe ich einmal gezählt.

Und mit Blick auf die nächste Streetparade lässt sich sagen: Klingt wie Techno, bloss fehlen die Bässe. Allerdings ist nur Hardcore so schnell getaktet, habe ich mir von einem DJ erklären lassen. Für Chill-Out, House, Elektro, Progressive, Trance, Hardstyle, oder wie die Techno-Stile sonst noch heissen, sind unsere Tachographen zu schnell. Ausgerechnet Hardcore. An solchen Partys soll es extrem zugehen, hat der DJ gesagt. Industriell, voll Speed, düster, untergrundmässig, das waren seine Worte. Die Auskunft hat mich verunsichert. Die Stimmung, die der Tachograph schafft, würde ich weder extrem noch düster nennen. Und der Speed unserer Fahrzeuge lässt sich beim besten Willen nicht als voll bezeichnen. Aber eine Gemeinsamkeit scheint es zu geben: Der Rhythmus soll Partygänger wie Tramführer am Einschlafen hindern.

GESICHTER OHNE NAMEN

Auch ich habe etwas über die Miss Schweiz zu schreiben. Allerdings nicht darüber, ob diese Frau aus dem Tessin zu Recht gewonnen hat, auch keine Bemerkung über ihre grosse Nase. Ich kann mich ganz auf meine persönlichen Erlebnisse stützen. Denn ich habe sie mit eigenen Augen gesehen, die Schweizer Schönheitskönigin. Leider nicht in einem Tram. Ich sass mit meiner Frau in einem Zürcher Gartenrestaurant, da kam plötzlich jemand mit auffällig blonden Haaren hinzu, bald folgte ein Dutzend Fotografen. Und als die Blonde vor den Kameras in die richtige Position gebracht wurde, habe ich zu meiner Frau gesagt: Das kann nur die neue Miss Schweiz sein. Dabei hatte ich mir die Fernsehübertragung der Misswahl gar nicht angeschaut. Ein einziges Bild in der Zeitung hatte genügt, um die Frau wiederzuerkennen. (Mehr kann ich über diese Begegnung leider nicht erzählen, es wurde fotografiert, es wurde gefilmt, und ich konnte nicht so lange warten, bis ich der Miss ein paar Fragen hätte stellen können. Dabei hätte ich zum Beispiel gerne gewusst, was sie von unseren Trams hält.)

Dass ich die Frau spontan erkannte, überraschte mich. Denn sonst kann ich mir so gut wie keine Gesichter einprägen. Mein Wiedererkennungsvermögen beim Tramfahren ist verschwindend klein. Dabei fehlt es nicht an Gelegenheiten. Pro Stunde fahre ich im Schnitt an vierzig Haltestellen ein, macht an einem Acht-Stunden-Tag genau 320 Stationen. Wenn ich mir, vorsichtig geschätzt, pro Haltestelle fünf Personen etwas genauer anschauen kann, so komme ich pro Tag auf die stolze Zahl von 1600. Das heisst, täglich 1600 Menschen, deren Gesichter, Frisuren oder Sonnenbrillen ich studieren kann. Zürich zählt 370 000 Einwohner, und so müsste ich, rein mathematisch und ohne Pendler und Touristen zu berücksichtigen, jeder Zürcherin und jedem Zürcher alle 230 Tage einmal gründlich in die Augen schauen.

Natürlich tragen nicht alle so auffällig blonde Haare, und nicht immer stolpert noch eine Handvoll Fotografen herum. Doch auch beim Tramfahren wird meine Aufmerksamkeit angezogen. Da wird etwa ebenso charmant gelächelt, wenn ich Passagieren nochmals die Türe öffne; da fixieren mich böse Blicke, wenn jemand nicht mehr mitfahren kann; da sehe ich in angsterfüllte Augen, wenn jemand das Tram übersehen hat und mich zu einer Bremsung zwingt. Immerhin habe ich es in den letzten Jahren geschafft, mir ein paar Gesichter zu merken. Ich kenne zum Beispiel zwei nette ältere Herren, die immer vorne einsteigen und mir ein bisschen aus ihrem Leben erzählen. Gut im Gedächtnis bleiben auch jene Passagiere haften, die regelmässig mit ein paar Promille zu viel einsteigen. Oder jener Mann, der sein schütteres Haar mit schwarzer Schuhcreme kaschiert, die er direkt auf die Kopfhaut aufträgt.

Aber das sind Ausnahmen, die meisten Gesichter verflüchtigen sich. Ich fahre durch anonyme Menschenmengen und kann es geniessen, als wäre es das erste Mal. Vielleicht ist das Vergessen auch ein Schutz, überlege ich mir manchmal, vielleicht verdrängt mein Hirn die Gesichter absichtlich. Um Speicherkapazität freizuhalten, etwa bis zur nächsten Misswahl.

REINE NERVENSACHE

Sie kennen keine Angst. Sie trotzen jeder Gefahr. Sie lassen sich durch nichts von ihrem Ziel abbringen. Schon gar nicht von einem Tram. So harren sie auf den Gleisen aus, als wollten sie ihre Nervenstärke unter Beweis stellen: die Stadttauben. Bis zum allerletzten Moment hocken die Tiere auf den Schienen und picken Futter. Mit dieser Coolness können es nicht einmal jene Fussgänger aufnehmen, die ihren Körper nur im Zeitlupentempo vor einem herannahenden Fahrzeug über das Geleise zu schieben vermögen und dabei weder nach links noch rechts blicken, um meine Geduld zu testen.

Die Tauben nerven. Schon einige Male war ich mir absolut sicher, eines der Tiere überfahren zu haben. Beim Stauffacher etwa, wo der Boden besonders reich an Pommes frites oder anderen Nahrungsresten ist und wo die Tauben ihr Futter einsammeln, unbeeindruckt von der Erschütterung der fünfzig Tonnen Stahl, die auf sie zurollen. Dann muss ich beobachten, wie die Tiere unter dem Tram und aus meinem Blickfeld verschwinden. Doch ein Rumpeln bleibt aus, und wenn ich das nächste Mal am Ort der mutmasslichen Bluttat vorbeifahre, ist kein toter Vogel zu sehen. Irgendwie schaffen es die Tiere zu entkommen.

Auf eine Taube mehr oder weniger kommt es eigentlich nicht an. Rund fünftausend bevölkern die Innenstadt, weitere zehntausend werden auf dem übrigen Stadtgebiet vermutet. Wie soll man sich da als Tramführer verhalten? Soll man bremsen? Oder einfach zufahren und auf den Reflex der Flügeltiere vertrauen? Einer, der es wissen muss, ist Wildhüter Steven Diethelm. Als Zürcher Taubenwart ist er dafür zuständig, den Bestand stabil zu halten. Seine Antwort ist eindeutig: Er rät davon ab, mit dem Tram einen aktiven Beitrag zur Kontrolle des Taubenbestands zu leisten. Dem Taubenproblem sei besser beizukommen, wenn das Futterangebot reduziert werde. Aber solange täglich sackweise Vogelfutter und Speisereste verteilt und damit auch Ratten gefüttert werden, muss Diethelm zur Büchse greifen, muss Fallen stellen und pro Jahr über viertausend Tiere «in den Taubenhimmel befördern», wie er sein Jagdwerk nennt.

Es würde nichts bringen, extra rasch auf die Tauben zuzufahren. Sie haben sich längst dem Verkehr angepasst. Die Stadttauben – Nachkommen der Felsentauben, die noch heute an den Küsten des Mittelmeers heimisch sind – vertrauen auf ihre Flugfähigkeiten. Sie finden nicht nur über Hunderte von Kilometern in den eigenen Schlag zurück, sie sind auch Senkrechtstarter, können dank ihrer kräftigen Muskulatur aus dem Stand abheben und sich im Bruchteil einer Sekunde vor dem Tram retten. Also fahre ich ganz normal auf die Tauben zu. Einzig mit der Fussglocke gebe ich jeweils ein kurzes Signal. Nicht um die Tiere zu schonen. Ich geniesse es, wenn ein paar Tauben auffliegen, mit hartem Flügelschlag auseinanderstieben wie auf dem Markusplatz und ich mich für einen Augenblick in Venedig wähnen kann.

HELLO AGAIN

Tramführern werden spezielle Wesenszüge nachgesagt. Besonders eigenartig, das sagen zumindest meine Freunde, ist das Grussverhalten. Egal wo sich in Zürich zwei Trams kreuzen, man kann sicher sein, die beiden Lenker heben gewissenhaft die Hand zum Gruss und winken sich innig zu. Ganz so, als hätten sie sich seit Wochen nicht mehr gesehen. Dabei begegnen sie sich während des Dienstes zwei- bis dreimal. Pro Stunde. Auch ich habe lange zu jenen gehört, die über diese Gebärdensprache geschmunzelt haben. Bis ich Tramführer geworden bin. Nun sind mir die Grussregeln geläufig. Und ich muss gestehen, ob sich mir ein Tram nähert oder ob ein Kollege, in Uniform oder in zivil, an einer Haltestelle wartet: Ich grüsse pflichtbewusst.

Obwohl es sich ja nicht um eine Pflicht handelt. Es ist eine Frage des Anstands. Wer nicht grüsst, sagte mein Fahrlehrer, gilt als hochnäsig. Mit den Handzeichen zeige man, dass man zur gleichen Firma gehört. Und es lassen sich Lebenszeichen austauschen, was nötig ist, schliesslich sitzt man den ganzen Tag alleine in der Kabine. Dieses Bedürfnis kennen auch die Lokführer der SBB. Wenn die sich kreuzen, habe ich mir sagen lassen, werde rege gestikuliert, selbst bei hundert Stundenkilometern.

Ich rede hier nicht von Kleinigkeiten, hier handelt es sich um eine körperliche Tätigkeit. In Zahlen: Exakt 223 Mal habe ich kürzlich meine Hand zum Gruss erhoben, als ich fünf Stunden auf der Linie 3 zwischen Klusplatz und Albisrieden hin- und herfuhr. Auch die Erwiderungsquote meiner Kolleginnen und Kollegen ist rekordverdächtig. Ganze 204 haben auf meinen Gruss reagiert, über neunzig Prozent.

Nicht auf allen Strecken wird die gleiche Gebärdensprache gepflegt. In Reinform lässt sie sich auf langen Linien erleben. Hier gehen die Zeichen vom coolen Heben des Zeigefingers über das schulmässige Aufstrecken der Hand bis zum energischen Schwenken des gestreckten Armes. Die reduzierten Formen kommen auf den kurzen Strecken zum Einsatz, etwa auf der Linie 5 zwischen Bahnhof Enge und Kirche Fluntern. Hier trifft man im Schnitt alle zwanzig Minuten auf den gleichen Kollegen, sodass sich der Gruss bald in einer müden Handbewegung oder einem ironischen Lächeln erschöpft.

Ob Kurz- oder Langform: Beim Tramführergruss muss es sich um einen Reflex handeln. Anders kann ich es mir nicht erklären, weshalb ich selbst im Schwamendinger Tunnel grüsse, wo sich Trams in völliger Dunkelheit begegnen. Oder bei Lastwagen, die mir in die Nähe kommen. Es genügen die groben Umrisse, und meine Hand hebt sich wie von selbst. Eine zusätzliche Herausforderung stellen dabei jene Kollegen dar, die den Gruss aus Prinzip nicht erwidern. Natürlich ist es ihr gutes Recht, stur den Schienen nach zu blicken. Und doch ist es ausgesprochen ärgerlich, solche notorischen Nichtgrüsser zu grüssen und ins Leere zu winken. Deshalb bin ich immer auf der Hut und schaue ganz aufmerksam in die entgegenkommenden Führerkabinen. In der Hoffnung, die Grussverweigerer rechtzeitig erkennen und den Reflex unterdrücken zu können.

DIE WAHRHEIT ÜBER DEN TRAMGRUSS

Sehr geehrter Herr Genazino

Zuerst möchte ich Sie um Nachsicht dafür ersuchen, dass ich dieses Schreiben publik mache. Ich bin mir bewusst, dass zu einem offenen Brief nur ausnahmsweise und nur unter ganz besonderen Umständen gegriffen werden darf. Doch seit ich Ihr Buch «Die Liebesblödigkeit» gelesen habe, fühle ich mich zu diesem Schritt verpflichtet und dazu, ein paar Dinge richtigzustellen. Denn Sie schildern in Ihrem Roman nicht nur die Freuden und Leiden eines Mannes in der zeitgleichen Beziehung zu zwei Frauen, Sie haben sich darin die Freiheit genommen, über das Grüssen der Tramführer zu schreiben.

Nun bin ich mir bewusst, dass die künstlerische Freiheit eines erfolgreichen Schriftstellers und Trägers des angesehenen Georg-Büchner-Preises quasi unbegrenzt ist. Aber wenn es um den Tramgruss kennt, verträgt es meiner Ansicht nach weder Mutmassungen noch Halbwahrheiten. Da muss jeder Buchstabe stimmen, möchte ich als Tramführer dagegenhalten. Zu Beginn des dritten Kapitels fährt Ihr Protagonist also mit einer seiner Geliebten im Tram, dabei beginnen sie über dieses Verkehrsmittel zu sprechen (es heisst «kleine, sinnlose Unterhaltungen»), bis sie schliesslich die Frage erörtern, ob sich die aneinander vorbeifahrenden Strassenbahnführer grüssen sollen oder nicht. Doch die beiden werden sich nicht einig («Wir können das Problem nicht lösen und sind froh, dass wir keine Strassenbahnführer sind»). Das Thema ist damit abgehakt, die Leser werden mit der Frage alleine gelassen.

Ehrlich gesagt, war ich zuerst durchaus gerührt zu erfahren, wie diese, im Leben eines Tramführers grundlegende Fragestellung

Eingang in die Literatur findet. Doch dann habe ich ein Gefühl in mir aufsteigen gespürt, das am ehesten mit dumpfer Empörung zu umschreiben wäre. Dass Ihr Protagonist solche Konversationen als «sinnlos» betrachtet, darüber hätte ich hinwegsehen können. Aber dass er seine Erleichterung zum Ausdruck bringt, diese Tätigkeit nicht ausüben zu müssen, dass geht meiner Ansicht nach eindeutig zu weit. Ja es scheint geradezu geeignet, das Ansehen eines ganzen Berufsstandes zu beschädigen (erst recht, wenn man bedenkt, dass Ihr Romanheld, dem Sie diese Aussage in den Mund legen, den Unterhalt als «freischaffender Apokalyptiker» verdient, mit Referaten über das Ende der Welt).

Es würde an dieser Stelle zu weit führen, Ihnen die Geheimnisse des Tramgrusses offenbaren zu wollen. Nur soviel: Hier in Zürich grüssen sich die Wagenführer untereinander. Grundsätzlich. Wenn immer möglich. Bis zu fünfzig Mal pro Stunde – nicht bloss fünfzig Mal pro Tag, wie Sie fälschlicherweise schreiben. Wir grüssen nicht nur im Dienst, auch in Pause oder Freizeit zeigen wir, dass wir zusammengehören. Im Weiteren hält es wach, seinen Berufskollegen zu beobachten. Und es fördert die Zirkulation. Und noch etwas möchte ich nicht versäumen Ihnen mitzuteilen: Sollte Ihnen in Zukunft daran gelegen sein, einmal mit eigenen Augen das Grussverhalten der Tramführer zu studieren, so lade ich Sie auf diesem Weg ganz herzlich nach Zürich zu einer gemeinsamen Fahrt ein.

Mit freundlichem Gruss
Thomas Schenk

ENDE EINER TRAMFAHRT

«Endstation Klusplatz», habe ich kürzlich durchs Mikrofon gesagt, wie immer, wenn ich mich der Tramschleife in Hirslanden nähere. Doch dieses Mal kam ein Mann zu mir und sagte in ernstem Tonfall: «Wissen Sie, Endstation, dieses Wort gibt einem schon zu denken. Wenn ich mir vorstelle, was das für mich selbst bedeutet, dass dann das Ganze zu Ende geht.» Zum Glück bin ich mir der Wirkung meiner Worte nicht immer bewusst, sonst käme ich bei den einfachsten Dingen nicht mehr aus dem Abwägen und Nachdenken. «Auf Wiedersehen» sage ich zum Beispiel meist gedankenlos, und ich werde erst unsicher, wenn ich auf diese Art einen Blinden verabschiede. Nun mag man ab einem gewissen Alter, der verunsicherte Fahrgast ging gegen die Sechzig, hellhöriger werden für alles, was einen an die eigene Vergänglichkeit erinnert. Im Herbst vielleicht noch mehr, wenn die Pflanzen sterben.

Dass mit dieser besonderen Station negative Gefühle verbunden werden, ist auch die Schuld der Unterhaltungsindustrie. Bücher mit dem Titel «Endstation Tod» oder ein Film «Endstation Schafott» (mit Alain Delon und Jean Gabin) verheissen nichts Gutes. Allerdings war es früher in Zürcher Trams diesbezüglich noch ungemütlicher zugegangen. «Endstation, bitte alle aussteigen», wurden die Fahrgäste lange Zeit ausdrücklich zum Verlassen des Trams aufgefordert. Damals verlor das Billett an der letzten Station seine Gültigkeit; inzwischen sind die Tickets unabhängig von der Fahrtrichtung gültig. Und die einen oder andern bleiben tatsächlich länger sitzen. Wobei nicht alle absichtlich beziehungsweise bei vollem Bewusstsein im Kreis fahren. Wenn mir jemand auffällt, der mehr als eine Runde mitfährt, dann frage ich an der nächsten Endstation vorsichtig, ob er sich verfahren habe. Und wer eingenickt ist, den versuche ich einigermassen sanft zu wecken. Augen, die auf einer anderen Welt zu Hause sind, schauen mich dann an, Unverständliches wird gebrummelt, die Person steigt aus oder fährt nochmals eine Runde mit. Und ich bin froh zu wissen, dass sie nicht ins Delirium gefallen ist.

Es gibt einen einfachen Grund, weshalb ich das Wort «Endstation» leicht in den Mund nehme. Das Ende ist gleichzeitig der Anfang der Linie. Hier beginnt ein neuer Abschnitt, hier kann ich versuchen, auf der Hinfahrt erlebte Schrecken zu vergessen. Notbremsungen und andere Aufregungen kann ich zurücklassen, zusammen mit dem Abfall der Fahrgäste, den die flinken Helfer des Clean Teams wegräumen. Trotzdem lässt sich fragen, ob es denn keine lebensfrohere Durchsage gäbe als «Endstation». Das Ende der Station, hatte der eingangs erwähnte Fahrgast vorgeschlagen. Was aber tückisch ist, denn nicht die Station ist zu Ende (so baufällig sind sie nicht), sondern die Tramlinie. Die Franzosen und Briten haben es gut, die reden unverdächtig von Terminus. Im Deutschen fallen mir nur das Linienende oder die Endhaltestelle ein, und beides klingt mir zu technisch. So bleibe ich bei der Endstation, vorläufig zumindest. Vielleicht kommt ja wieder einmal ein Fahrgast mit einem besseren Vorschlag.

TURNAROUND

Vor kurzem war an dieser Stelle von einem besonderen Problem des Trambetriebs die Rede: von der korrekten Durchsage der letzten Station. In diesem Zusammenhang ist es weit verbreitet, von Endstation zu sprechen. Doch in sensiblen Ohren klingt dies irgendwie morbid, wer denkt schon gerne an sein eigenes Ende. Mangels eigener Ideen habe ich mich an die Leserschaft gewandt, und prompt sind mehrere prüfenswerte Vorschläge eingegangen. Wir sollten die letzte Haltestelle mit dem Zusatz «Zielstation» ankünden, wird geraten. Auf ein Ziel arbeite man gerne hin, meinte eine Leserin, man gäbe alles, um es zu erreichen. Tatsächlich ist es immer gut, ein Ziel vor Augen zu haben, vor allem dann, wenn es sozusagen mit absoluter Sicherheit erreicht wird. Allerdings muss in diesem Fall bedacht werden, dass beim Erreichen eines Ziels meist eine gewisse Erschlaffung einsetzt, eine im Hinblick auf die nächste Anstrengung sinnvolle körperliche Reaktion. Die Fahrgäste können sich, wenn sie nach Hause kommen, kurz hinlegen, doch Tramführer haben für solche regenerativen Massnahmen in der Regel keine Zeit, unsere Pausen an diesen Stationen sind knapp bemessen. «Wendestation» war ein anderer Vorschlag. Diese Bezeichnung sei sachlich, teilte mir ein Leser mit, und nicht zu weit vom Gewohnten entfernt, weshalb auch Fahrgäste damit leben könnten, die sich nur ungern Neuerungen anpassen. Das mag stimmen, doch ich möchte zu bedenken geben, dass es nicht nur die Wende zum Guten gibt.

Überzeugender ist der folgende Rat. Wir sollten von «Turnaround» sprechen, riet ein Leser, das töne nach «rosiger Zukunft oder zumindest frohgemutem Neubeginn». Tatsächlich kommt mit diesem Lieblingswort tatenlustiger Manager eine völlig andere Tonalität ins Spiel. Turnaround klingt dynamisch, das Ruder wird herumgeworfen. Zwar wird der Begriff in Politik und Wirtschaft etwas oft und oft zu früh verwendet, auch dann, wenn sich Wähleranteil oder Ertragslage nur vorübergehend verbessern. Doch wenn Tramfahrer von Turnaround sprechen, dann lügen sie nie. Ihre Kehrtwende gelingt immer, mehrmals pro Tag und meist nach Fahrplan. Schade ist nur, dass es sich dabei um ein englisches Wort handelt, denn wir sind angewiesen, sämtliche Ansagen in hochdeutscher Sprache zu machen. Aber vielleicht gewöhnt man sich im Zuge von Frühenglisch auch an diesen Challenge, das heisst an Durchsagen wie «Turnaround Klusplatz» oder «Turnaround Kirche Fluntern». Falls nicht, schlage ich vor, missverständliche Beiwörter einfach wegzulassen und nur die Haltestelle zu verkünden. Damit wäre das Problem gelöst.

PS: Das von mir ausführlich behandelte Problem ist nachträglich und von höchster Instanz einer Lösung zugeführt worden. Die VBZ haben sich entschlossen, die «Endstation» aus unserem Wortschatz zu streichen. Fortan und aus Rücksicht auf feinfühlige Passagiere sind wir angewiesen, von «Endhaltestelle» zu sprechen. Ich werde mich daran gewöhnen. Hauptsache, die lähmende Unsicherheit ist behoben und ich habe wieder eine klare Regel, an die ich mich halten kann.

DER PULSSCHLAG EINES TRAMS

Noch immer sind die Tage kurz und die Nächte lang. Ein guter Zeitpunkt, um ein tramfahrerisches Problem zu beleuchten, welches das Licht betrifft: den zweckmässigen Einsatz der Blinker. Selbst meine besten Freunde vermögen im Blinken der Trams keine Logik zu erkennen. Mal blinkt es, mal nicht. Deshalb will ich versuchen, Licht in diese Sache zu bringen. Trams blinken, um die Fahrtrichtung anzuzeigen (Regel eins), das heisst beim Abbiegen. Und sie blinken an Haltestellen, bevor sie losfahren (Regel zwei).

Leider führt die strikte Anwendung der zweiten Vorschrift für Aussenstehende, in diesem Fall ausserhalb des Trams Stehende, zu gravierenden Missverständnissen. Um dies zu erklären, muss ich etwas ausholen: Ich fahre zum Beispiel mit der Linie 3 zum Klusplatz, komme ans Central, wo ein Polizist den Verkehr regelt. Da sich dieser links von mir aufhält, blinke ich ebenfalls links, damit er sieht, dass ich losfahren möchte. Dies hat nun den bedauerlichen Effekt, dass die Menschen, die rechts von meinem Tram stehen und noch mitfahren möchten, den linken Blinker nicht bemerken. Und so reagieren sie verärgert, wenn sie vor verschlossenen Türen stehen, bis mir der Polizist (endlich) das Zeichen zur Abfahrt gibt.

Über zwei Seiten erstreckt sich das Kapitel «Blinker beim Tram» in unserem Betriebsreglement. Um alle Regeln zu verstehen und sie dann auch instinktiv richtig anzuwenden, habe ich fast zwei Jahre gebraucht (was auch daran liegt, dass einige meiner Intuition widersprechen). Deshalb beschränke ich mich hier auf eine letzte, leicht nachvollziehbare Vorschrift: Der Blinker wird als Warnsignal eingesetzt. Aus diesem Grund blinken wir bei der Abfahrt aus dem Stauffacher zum Beispiel nach links, weil uns hier Autos von links in die Quere kommen können. An der Haltestelle Börsenstrasse wiederum blinken wir rechts, um die nachfolgenden Mobilisten zum Stopp aufzufordern. Hier fehlt eine Traminsel, die Fahrgäste müssen direkt auf die Strasse hinuntersteigen, und wir möchten verhindern, dass sie dabei angefahren werden.

Wie ernst diese Warnung genommen wird, ist eine andere Frage. Aber die Hoffnung stirbt bekanntlich erst gegen Schluss. Nur so ist zu erklären, weshalb Tramführer zu den vielen internen Regeln auch noch ein persönliches Repertoire entwickelt haben. Wenn ich etwa auf den Albisriederplatz zufahre, blinke ich freiwillig und hoffe, dass die Autofahrer mein Tram sehen und anhalten (obwohl es ja recht gross ist). Und ich lasse es an der Endstation* ein paar Sekunden vor der Abfahrt blinken, um nahende Passagiere zu einem Spurt zu ermuntern.

Ich gebe zu, es wird viel geblinkt auf Zürichs Schienen. Reizüberfluteten Menschen möchte ich aber sagen, dass unsere Trams ein eher mattes, ja dezentes Licht abgeben. Das warme Orange der Blinker erscheint mir manchmal wie ein Pulsschlag, wie ein zärtliches Zeichen für die Aussenwelt, dass das Tram und auch dessen Führer noch am Leben sind.

* Die vbz haben die «Endstation» aus unserem Vokabular verbannt. Um den Begriff vor dem Aussterben zu schützen, soll er hier Verwendung finden.

WENN ES OBEN NICHT STIMMT

Immer wieder fahren in Zürich Trams umher, deren Angaben oben nicht stimmen. Die Transparente zeigen in die verkehrte Richtung. Dabei handelt es sich sozusagen um ein endemisches Problem. Ein Leser schätzt, dass zwischen zehn und zwanzig Prozent mit falsch eingestellten Transparenten unterwegs sind. Diese Zahl hat mich verunsichert, weshalb ich auf meiner nächsten Fahrt Bleistift und Schreibblock bereitgelegt habe, um sämtliche diesbezüglichen Beobachtungen zu protokollieren. Das Resultat: Von 422 Trams und Bussen, deren Transparente ich an diesem Tag erkennen konnte, waren nur drei falsch eingestellt. Das hat mich wieder beruhigt.

Damit will ich das Problem auf keinen Fall verharmlosen. Für Touristen und andere ortsunkundige Menschen sind solche Falschinformationen natürlich fatal. So kommen mir immer wieder folgenschwere Irrfahrten zu Ohren: Freunde aus Frankreich reisen ihm Zug an, halten sich streng an die Wegbeschreibung (die Nummer 13 besteigen, Richtung Albisgütli), und was passiert den gutgläubigen Menschen? Sie werden nicht an den Fuss des Uetlibergs transportiert, sondern Richtung Frankental und müssen dann Koffer und Beauty Case von einem Tram ins andere wuchten.

Ist das denn so schwierig, die richtige Station einzustellen, mögen Sie sich fragen. Eigentlich nicht. Jeder Station, die auf den so genannten Endzieltransparenten eingestellt werden kann, ist eine bestimmte Nummer zugeordnet. Wir müssen dann bloss noch die richtige Zahl eingeben. In den alten Trams dreht man dazu an einer Kurbel, in den neueren können wir es per Knopfdruck eingeben. Aber beim Wenden die Anzeige zu wechseln, daran müssen wir in allen Fahrzeugen immer selber denken.

Es wäre doch so einfach, die Fehlerquote zu senken, denken Sie jetzt vielleicht. Ein kleines Zeichen unter den Tramführern würde genügen. Doch die Sache ist komplizierter. Mir ist es zum Beispiel unangenehm, meine Kollegen auf solche Unterlassungen aufmerksam zu machen, gerade gegenüber Dienstälteren spiele ich nicht gerne den Lehrer. Eine andere Erschwernis betrifft die Gestik selbst. Gewisse Kollegen zeigen nämlich beim normalen, mit grosser Disziplin gepflegten Tramgruss mit dem Finger derart unmissverständlich in die Höhe, als wäre oben etwas nicht in Ordnung.

Und dann können besondere technische Schwierigkeiten auftreten. Wie an jenem Morgen, als ich mit der Linie 2 Richtung Bahnhof Tiefenbrunnen losfuhr. Zuvor hatte ich gewissenhaft bis zur 18 gekurbelt, die entsprechende Zahl für diese Station. Mit der Zeit kennt man das auswendig, da braucht man nicht mehr im Verzeichnis der Zielorte nachzuschauen. Beim Bellevue wollte eine sympathische Frau einsteigen, wich dann aber zurück. Als ich die Türe öffnete, kam sie näher und fragte schüchtern, ob sie einsteigen dürfe. Selbstverständlich, sagte ich, worauf sie erwiderte, die Anzeige habe sie verunsichert. An der nächsten Haltestelle kontrollierte ich die Einstellung, die korrekte Zahl 18. Ich wollte ganz sicher sein und warf einen Blick auf die Liste der Zielstationen. Und war überrascht: Bei diesem Fahrzeug erscheint bei der 18 nicht «Tiefenbrunnen», sondern «Bitte nicht einsteigen».

FÜHRERLOSE ZEITEN

Morgenstunden erlauben vertiefte Einblicke in den Tramberuf. Da fährt man, noch halb im Schlaf versunken, und plötzlich hält das Tram. Weit und breit keine Haltestelle, aber die Kabinentüre springt auf, der Fahrer steigt aus. Man sitzt in einem führerlosen Tram! Und wartet. Und beginnt sich zu wundern, ob eine technische Störung vorliegt, oder ob man vielleicht Opfer einer kleinen Arbeitsniederlegung ist, blickt auf jeden Fall nervös umher, bis endlich ein anderer Fahrer einsteigt. Worauf man sich geduldet, bis sich dieser behaglich eingerichtet hat und losfährt.

Wer ein solches Ritual mit eigenen Augen erlebt, kann etwas erzählen, wenn er im Büro ankommt. Er ist Zeuge eines so genannten Wagenabtauschs geworden. Besonders gut können Fahrgäste diesen tramtechnischen Sonderfall beobachten, die sich vorne hinsetzen. Wenn sich die beiden Fahrer begegnen, bekommen sie den einen oder andern geheimnisvollen Wortwechsel zu hören. «Ich habe den Schlüssel gedreht», wird da zum Beispiel gesagt. Menschen, die in ihrem Leben Routine pflegen und stets zur gleichen Zeit das Tram besteigen, können dieses Ereignis jeden Morgen beobachten (oder gar nie, da nur wenige Kurse davon betroffen sind). Denn jeder Wagenabtausch ist im Fahrplan eingetragen, nebst dem genauen Zeitpunkt wird auch die exakte Stelle vorgegeben. Meist erfolgen die Manöver zur ruhigen Morgenzeit. Und der Standort ist so gewählt, dass die Tramführer nicht gerade auf dem General-Guisan-Quai auszusteigen brauchen, wo ihnen die Autos um die Ohren sausen. Elegant lassen sich die Tauschgeschäfte bei einer offiziellen Haltestelle abwickeln. Doch kann der Kreuzungspunkt um ein paar

Hundert Meter variieren, wenn eines der Fahrzeuge mit Verspätung unterwegs ist.

Aber wozu um alles in der Welt braucht es solchen, sonst eher bei Volkstänzen gepflegten Partnertausch? Viele Antworten sind denkbar. Es könnte sein, dass die Fahrplangestalter darum bemüht sind, die Konzentration der Tramführer im Frühdienst hochzuhalten. Oder die Fahrer selbst möchten für etwas Abwechslung sorgen und einmal ein anderes Tram fahren. Womöglich brauchen sie etwas frische Luft und wollen sich kurz die Beine vertreten. Oder den Passagieren soll einfach gezeigt werden, dass es noch immer richtige Menschen sind, welche die Trams lenken. Welches die richtige Antwort ist? Keine Ahnung, da müssen Sie jemand anders fragen. Ich will das gar nicht so genau wissen. Nicht alle Geheimnisse eines Berufs brauchen gelüftet zu werden. Ein paar Rätsel, finde ich, müssen bleiben, sonst geht irgendwann die Spannung verloren.

Kaum habe ich nach der kleinen Rochade das neue Tram bestiegen und will den Sitz in die richtige Position bringen, wartet das nächste Mysterium auf mich. Ich staune nämlich darüber, dass die Feder, die je nach Körpergewicht mehr oder weniger gespannt wird, fast immer auf das Maximum eingestellt ist. In Zahlen: auf einhundertdreissig Kilogramm! Bewegungsmangel führt zu Übergewicht, ich weiss, aber so schwer sind meine Kollegen nun auch nicht. Und ich muss mich dann hinunterbeugen und mühsam am Knopf drehen, bis mein Arbeitsplatz etwas federt.

AM SCHÖNEN ZÜRIMEER

Ich weiss nicht, wie es andern ergeht, aber ich bin immun gegen die Propaganda von Stadtpräsidenten und anderen Partyveranstaltern. Für mich ist und bleibt Zürich eine kleine Stadt. Sollen die Lokalchauvinisten im metropolitischen Diskurs schwelgen und keck die Gemeinsamkeiten mit grösseren Grossstädten wie Paris, Rom oder London betonen.

Umso mehr freut es mich, dass ich (als Zugewanderter und Wahlzürcher, der ich bin) an dieser Stelle von einem wahrhaftigen zürcherischen Superlativ erzählen kann. Und zwar von einem Phänomen, das keine der europäischen Vergleichsstädte bietet und das trotzdem kaum Erwähnung findet. In den Wintermonaten vermag Zürich grosse Teile Europas (und die Restschweiz ohnehin) regelmässig zu überflügeln, dank dem Zürichsee. Der wird nämlich vorübergehend zum grössten See weit und breit. Eine ausreichend dicke und feste Nebeldecke genügt, schon verschwindet hinter Kilchberg das Ufer im Nichts, und das Wasser geht nahtlos in den Nebel über. Ich fahre mit dem Tram vom Paradeplatz zum Bürkliplatz, und mit einem Mal stelle ich fest: Zürich liegt direkt am Meer!

Schon in der Primarschule hatte ich gelernt: Ein Meer ist dann ein Meer, wenn man das gegenüberliegende Ufer nicht mehr sehen kann. Und genau so verhält es sich in Zürich bei tief liegendem Nebel. Hinter der Schifflände taucht das grenzenlose Wasser auf. Während ich zusammen mit meinen Fahrgästen an der Ampel warte, kann ich mich an der Fernsicht freuen. Etwa so, als wäre der Slogan «Nieder mit den Alpen, freie Sicht aufs Mittelmeer» mit etwas Verspätung doch noch umgesetzt worden. Ich wähne mich

ÜBERLEBEN IN DER GROSSSTADT

in Genua oder Venedig (an Paris, Rom oder London ist in solchen Momenten nicht einmal zu denken). Wie am Meer kreischen die Möwen (die nur wenig kleiner sind als ihre Artgenossen am Mittelmeer), die Fischer fischen Egli (die auch recht gross werden können). Am Zürichhorn versinken die Bäume im Wasser, als wären es tropische Mangroven. Kurz, der Nebel machte die Tramfahrt zwischen Bürkliplatz und Bellevue zum Erlebnis. In solchen Momenten sehe ich dann auch grosszügig darüber hinweg, dass am Pfäffiker-, Greifen- oder gar am Türlersee dieselbe meermässige Erscheinung zu beobachten wäre.

Kein Traum dauert ewig, auch jener vom Zürimeer nicht. Kaum bricht die Sonne durch den Nebel, kaum öffnet sich der Blick über den ganzen See, werde ich wieder unsanft in die Realität befördert. Dann schrumpft das Lokalgewässer auf achtundachtzig Quadratkilometer, was in der Schweizer Seenrangliste leider nur Platz sechs bedeutet (und Max Frisch einmal zu einem für viele Zürcher schmerzhaften Vergleich mit dem Mississippi veranlasste; der Fluss misst an seiner breitesten Stelle sieben Kilometer, der See knapp vier). Noch weiter zurück rutscht Zürich bei Föhn. Dann feiern die Alpen rücksichtslos ihre Auferstehung. Der Glärnisch, das Vrenelisgärtli und die übrigen Glarner Berge ragen bis nahe an die Stadtgrenze, der See wird zum Teich. Dann ist es nur ein schwacher Trost, dass kein Südwind ewig bläst und der nächste Nebel kommen wird.

DAS TRAM UND DIE POLITIK

Jeder Mensch hat Prinzipien. Und sei es auch nur, dass er prinzipienfrei leben will. Ich habe mir mehrere Verhaltensregeln zurechtgelegt. Zum Beispiel habe ich mir vorgenommen, nie die Haare zu färben. Ich habe mir auferlegt, stets all meine Kollegen zu grüssen, die mir im Tram entgegenkommen. Und ich werde nie über Politik schreiben, keine Silbe.

Und jetzt kommt das, was früher oder später mit den meisten Grundsätzen geschieht. Aufgrund äusserer, in dieser Form in keiner Weise vorhersehbarer Umstände sieht man sich plötzlich gezwungen, eine Ausnahme zu machen. Nicht weil es mich stört, dass die Zahl der grauen Haare zunimmt. Auch kann ich kein Nachlassen meiner Grussdisziplin feststellen. Nein, ich muss mich eines politischen Themas annehmen. Schuld daran ist eine kleine Notiz über einen originellen Vorstoss im Zürcher Gemeinderat, die in der Informationsschwemme unterzugehen droht. Leicht ist mir der Schritt nicht gefallen, und es soll bei dieser Ausnahme bleiben. Ehrenwort.

«Tramgleise bleiben Rillen» – das war der Titel im «Tages-Anzeiger», dreizehn Zeilen war die Nachricht lang, im hintersten Bund versteckt. Aber ich habe sie entdeckt, gelesen, und fühle mich nun zum Regelbruch gedrängt. Seit ich mich erinnern kann, haben Tramschienen Rillen. Deshalb war ich spontan beruhigt, dass sich daran nichts ändern wird. Ein bisschen irritiert war ich trotzdem, las weiter und erfuhr, dass zwei Gemeinderäte im Stadtparlament sich danach erkundigten hatten, was der Stadtrat bezüglich «velofreundlichen Tramgleisen» plane und ob sich die Stadt nicht an der Entwicklung solcher Schienen beteiligen könne. Als Velofah-

ÜBERLEBEN IN DER GROSSSTADT

rer kenne ich das Problem: Ist der Winkel zwischen Schienen und eingeschlagener Fahrtrichtung zu spitz, droht das Vorderrad stecken zu bleiben. Solche Stürze sind schmerzhaft. Und bleiben es. Denn der Stadtrat weiss nichts von einer rillenlosen Alternative der Schienenindustrie.

Dass Vorstösse solcher Tragweite im Zürcher Parlament diskutiert werden, hat mich neugierig gemacht. Und ich habe mir gesagt, wenn ich schon dabei bin, kann ich vielleicht noch von anderen Höhepunkten in Sachen Trampolitik berichten. Und tatsächlich, im Internet bin ich fündig geworden (unter www.gemeinderat-zuerich.ch). Auf ein paar Jahre zurück sind dort alle schriftlichen Anfragen, Interpellationen und Postulate aufgelistet. Bei deren Lektüre ist mir ganz warm ums Herz geworden. Ausserordentlich, mit welcher Hingabe sich die Lokalpolitiker meines Berufsstands annehmen. So habe ich zum Beispiel erfahren, dass man sich im Gemeinderat nicht nur für Tramlinien und unsere Depots interessiert. Man will auch wissen, ob die VBZ-Fahrer die Geschwindigkeitsvorschriften einhalten (Antwort: ja; aus Datenschutzgründen wird aber keine Statistik über Übertretungen geführt). Oder wie die Benutzung der Mobiltelefone während der Fahrt geregelt sei, jener von Tram- und Busführern, nicht jene der Fahrgäste (Antwort: ist und bleibt verboten). Es liesse sich noch vieles berichten, aber ich will mich damit begnügen. Wenn unsere Volksvertreter das Tram derart ernst nehmen, brauche ich nichts mehr über Politik zu schreiben.

LEBENSBERATER

Plötzlich wird es ruhig im Tram, und die Zeit steht still. Erklingt der Ruf «Grüezi mitenand, Fahrausweiskontrolle», geraten Gespräche ins Stocken, wird aufgehorcht, die Lektüre unterbrochen. Zürcherinnen und Zürcher, erfolgreich auf das Schlüsselwort konditioniert, greifen nach ihrem Ticket. Besonders Pflichtbewusste, die nie ohne gültigen Fahrausweis unterwegs sind, werden dabei schnell nervös und beginnen, aufgeregt Handtaschen, Hosensäcke und Portemonnaies zu durchwühlen.

Auch ich halte jeweils kurz den Atem an. Nicht weil ich Angst vor Kontrollen hätte – in der Uniform muss ich kein Ticket zeigen. Und zudem verfügen wir über eine Jahreskarte. Der amtliche Vorgang meiner Kollegen stellt meine Leidensfähigkeit auf andere, ernsthaftere Weise auf die Probe. Natürlich weiss ich, dass Kontrollen unerlässlich sind und jeder zahlende Fahrgast indirekt auch meinen Lohn finanziert. Und doch schmerzt es mich, wenn ich im Rückspiegel zusehen muss, wie ein Schwarzfahrer überführt wird. Ich nehme Anteil, wenn sich Enttäuschung auf einem Gesicht ausbreitet und sich jemand von einem Teil seines Ersparten trennen muss.

Es sind ja nicht nur fundamentale Systemverweigerer, die in die Falle tappen, sondern auch ahnungslose Touristen, verwahrloste Menschen. Und zeitgeizige Naturen, das heisst solche, die das Tram gerade noch erstürmen konnten und denen die Zeit zum Billetkauf fehlte (ehrlich gesagt, sind mir diese sogar lieber als jene Rechtschaffenen, die am Ticketautomaten ewig mit ihrem Kleingeld hantieren, während ein Begleiter stur das Trittbrett blockiert, und die selbst von energischen Zwischenrufen meinerseits nicht zu beeindrucken sind.)

ÜBERLEBEN IN DER GROSSSTADT

Eigentlich sind meine Kollegen, die sich der Schwarzfahrer annehmen, durchaus um Freundlichkeit bemüht. Schon ihrer Berufsbezeichnung wegen: Kundenberater. So heissen sie seit bald zehn Jahren (auch wenn der Begriff noch immer etwas ungewohnt klingen mag für jemanden, der gerade eine Beratungsgebühr, sprich Busse, bezahlen muss). Die Zeiten haben sich geändert. Früher wurden bei den vbz jene Angestellten zur Kontrolle geschickt, die nicht mehr fahren konnten. Lässt sich heute jemand vom Fahrdienst zum Kundenberater ausbilden, dann entspricht dies einem beruflichen Aufstieg (und er kommt in eine höhere Lohnklasse). Mit gutem Grund, denn die Tätigkeit erschöpft sich nicht in der Beratung von Schwarzfahrern, sie geben auch bei Betriebsstörungen Auskunft und fahren Tram oder Bus, wenn jemand ausfällt.

Tragen die Kundenberater ihre Uniform, kann man sie meist frühzeitig erkennen (und noch rasch aussteigen). Sind sie in Zivil unterwegs, dann verrät nur eine mit allerlei Arbeitsutensilien prall gefüllte Bauchtasche ihre Mission. Und die kleinen Computer, auf denen sie ihre Kontrollen registrieren, mit einer Konzentration, als hielten sie einen Nintendo in den Händen und spielten Super Mario. Ansonsten verstehen sie, sich urban zu verkleiden, Kapuzenjacken und coole Umhängetaschen inklusive. Einmal bin sogar ich auf die Tarnung hereingefallen. Ein langhaariger, bärtiger Mann war eingestiegen, er begann lebhaft mit mir zu reden. Und er duzte mich, obwohl ich ihn nicht kannte, so dass ich vermutete, der Mann sei etwas verwirrt. Bis er sich zu den Passagieren umdrehte und «Fahrausweiskontrolle» rief.

DIE SCHÖNSTEN UMLEITUNGEN

Den gewohnten Pfad verlassen, Neues entdecken, aufregende Beobachtungen machen – das alles und noch viel mehr sollte einmal in einem besonderen Reiseführer zusammengestellt werden. Titel: «Die schönsten Umleitungen durch Zürich». Zugegeben, dieses Buch hätte nicht ganz die Ausstrahlung von Werken wie «Die schönsten Alpenpässe», «Bergstrassen für Geniesser» oder «Lust auf Pässe», alles schön illustrierte, die Freude am motorisierten Fahren zelebrierende Publikationen. Punkto Erlebnisqualität kann es eine Umleitung auf unserem Schienennetz nicht ganz mit der Tremola am Gotthard oder mit der Fahrt über meinen geliebten Pragelpass aufnehmen.

Aber Stoff genug gäbe es. Die kleinen Variationen vom gewohnten Linienplan sind an der Tagesordnung. Defekte Weichen, ein stehen gebliebenes Tram, eine Kollision oder ein auf den Schienen parkierter Personenwagen – an Gründen fehlt es nicht. Nicht alle haben ihre Freude an diesen zeitweiligen Änderungen (so wie ja auch nicht alle Bergbewohner den Auto- und Töffkarawanen zuwinken, die über die Alpenstrassen ziehen). Unsere Kunden werden zum Warten genötigt oder zu Fussmärschen. Zumindest einer aber freut sich: ich. Wenn ich Glück habe, führt mich die Umleitung auf eine Strecke, die im Normalfall ausserhalb meines Horizonts liegt. Dann darf ich zum Beispiel mit der Linie 3, statt zum Klusplatz hoch, beim Römerhof rechts abbiegen und via Kreuzplatz, Bahnhof Stadelhofen das schöne Limmatquai entlang fahren. Und manchmal werden besondere Manöver von uns verlangt. Etwa wenn die Linie 2 beim Opernhaus vorzeitig gewendet werden muss: Weiche stellen, rückwärts in das Stumpengeleise, auf den Befehl zur Weiterfahrt warten und zusehen, wie sich vielleicht gerade zwei Autofahrer um einen Parkplatz streiten. Wirklich schade, dass die Fahrgäste unsere kleinen Pirouetten nicht miterleben dürfen. Sie müssen schon beim Bellevue aussteigen.

Immerhin herrscht auf meiner liebsten Umleitung volle Gleichberechtigung: auf der Fahrt durch das Tramdepot. Ist die Strecke zwischen Kalkbreite und Stauffacher unterbrochen, dann kommen die Fahrgäste der Linien 2 und 3 auf ihre Rechnung. Beim Bahnhof Wiedikon biegen wir rechts ab, das Schiebetor steht offen, und schon verschluckt uns die riesige Halle. Ich fahre ja im Früh- und Spätdienst regelmässig durchs Depot, aber eben nie mit Passagieren. Und so ist es dann ein besonderes Glücksgefühl, mitansehen zu können, wie sich die Köpfe aufgeregt nach rechts und links drehen. Die Kunden wollen sehen, ob alles schön aufgeräumt ist bei uns, ob die Reparateure richtig arbeiten und ob vielleicht irgendwo ein Pin-up-Girl hängt.

Meldet die Leitstelle eine Umleitung, bin ich sofort in erhöhter Bereitschaft. Doch meist ist die Aufregung umsonst. Andere Linien sind betroffen, oder mir wird etwas später mitgeteilt, die Störung sei behoben. Gemeinerweise immer erst ganz kurz bevor ich eine Weiche für eine Umleitung hätte stellen können. Dann muss ich alleine schauen, wie ich über die Enttäuschung hinwegkomme.

TÄUSCHUNGSMANÖVER

Einhundertsiebzig Haltestellen gibt es auf dem Zürcher Tramnetz. Darunter sind einige, zu denen habe ich mittlerweile eine persönliche Beziehung entwickelt. Zur Fröhlichstrasse im Seefeld etwa. Hier bemühe ich mich stets um eine besonders lebendige Sprechweise, anders als beim Krematorium Sihlfeld (auch wenn dort schon lange niemand mehr eingeäschert wird). Beim Opernhaus versuche ich das o in die Länge zu ziehen, ein bisschen wie die Starsopranistin Cecilia Bartoli. Bei der Höschgasse muss ich automatisch an Basel denken (in der dortigen Mundart heisst «Hösch» soviel wie «Hörst du»). Und an der Röslistrasse, dort habe ich immer das Rösli vor Augen, eine kleingewachsene, hagere Bäuerin, von Wind und Wetter gerötete Wangen, die Haare zu einem Züpfi aufgebunden, mit einer Schürze um den Bauch. Das Rösli wartet aufs Tram, das sie ins Zürcher Oberland zurückbringt. Oder ins Emmental. Genau genommen erfüllt mich die Röslistrasse noch aus einem anderen Grund mit Freude. Mir gefällt, dass hier das Diminutiv zur Anwendung kommt. Ausgerechnet in dieser, dem Grossen verpflichteten Stadt, wo so vieles in die Höhe schiesst. Und nicht nur bei der kleinen Rosa wird Zurückhaltung geübt, auch beim Albisgütli oder beim Werdhölzli.

Tagtäglich nehme ich bei der Arbeit Wörter in den Mund, ohne viel über deren Herkunft und Bedeutung zu wissen. Dabei soll ja viel Geschichtliches in all diesen Strassennamen stecken. Um wenigstens der Spur nach zu verstehen, wovon ich jeweils rede, habe ich in der Bibliothek ein Buch gesucht und gefunden: «Die Strassennamen der Stadt Zürich, 1999, 3. Auflage». Auf den seitenlangen Listen mag viel über Entstehung und Geschichte der

Bezeichnungen zu entdecken sein. Doch die Lektüre hat mich vor allem aufgeschreckt. Da wird, musste ich feststellen, systematisch Irreführung betrieben.

Beginnen wir mir der Fröhlichstrasse: Hier geht es nicht um allgemeine Aufmunterung, sondern um Krieg! Genauer um das Gedenken an einen Wilhelm Fröhlich, Söldnerführer in französischen Diensten, der aus der Gegend stammte. Und weiter: Der Rennweg bezieht sich nicht auf die unermüdlichen Fussgänger, die aus allen Richtungen über die Tramschienen eilen, da wird auf die mittelalterlichen Reitwege der berittenen staatlichen Boten angespielt. Täuschung schliesslich auch bei der Haltestelle Luchswiesen: Es soll nicht an eine Wiese erinnert werden, wo einst Luchse lebten, die Bezeichnung geht sprachlich auf ein Los zurück, auf ein durch Verlosung zugeteiltes Grundstück.

Erschreckend, wie viele Namen der Haltestellen nicht mehr zeitgemäss sind. Gerade bei den Wiesen. Egal ob Luchs, Ros, Tal, Tüffen oder Heeren: Alles überbaut, im besten Fall ist irgendwo ein kleiner Rasen angesät. Beim Meierhof, Mattenhof oder Beckenhof haben die Bauern das Feld geräumt. Und selbst die Tiere, die einmal heimisch waren, haben sich in den Wald oder bis in die Glarner Berge hinein verzogen, das Rotwild von der Rehalp genauso wie jenes von der Hirschwiese. Höchste Zeit, dass jene Wildtiere, die ausharren respektive in die Stadt zurückfinden, zu einer eigenen Haltestelle kommen. Fuchsacker oder Marderweg wären ehrlicher.

WENN ES MIR DÄMMERT

Unserem Fahrplan ist es zu verdanken, dass ich im Frühdienst die ersten Runden fast immer im Finsteren absolvieren kann. Die Fahrten durch die noch friedliche Stadt mögen sich gleichen wie ein Tram dem andern. Und doch beschäftigt mich jedes Mal die gleiche Frage: Wann wird es wieder einmal Tag? Je länger sich die Sonne für ihren Aufgang Zeit lässt, desto grösser wird im Allgemeinen meine Sehnsucht. Ich fahre aus dem Depot, und schon bald beginne ich damit, den Himmel nach dem ersten dünnen Lichtstreifen abzusuchen. Ich will auf keinen Fall verpassen, wenn ein neuer Tag anbricht.

Natürlich gehorcht die stufenlose Aufhellung des Firmaments Tag für Tag dem gleichen Plan. Im nachtschwarzen Himmel tut sich ein kleiner Spalt auf, der grösser wird, und eine halbe Stunde später ist es mehr oder weniger hell. Während ich nun in meiner Führerkabine auf den Tag warte, kümmert mich die Wiederholung nicht im Geringsten. Als wäre es das erste Mal, freue ich mich auf den Moment, wenn trotz Strassenbeleuchtung und den erhellten Schaufenstern das erste Dämmerlicht zu erkennen ist. Vorausgesetzt, weder dichte Wolken noch Hochnebel verdecken den Himmel.

Wenn ich Glück habe, bin ich im spärlichen Morgenlicht Richtung Osten unterwegs (dort wo die Sonne in der Regel wenig später aufgehen wird) und kann das sich darbietende Schauspiel bequem in Fahrtrichtung verfolgen. Besonders eindrücklich ist es auf der Linie 9 nach Hirzenbach. Bei der Station Luchswiesen öffnet sich der Blick, und der Bachtel, das Hörnli und die anderen Hügel des Zürcher Oberlands heben sich wie ein Scherenschnitt

ÜBERLEBEN IN DER GROSSSTADT

vom Himmel ab, schwarz und scharf. Oder es leuchtet bereits ein orangegelber Streifen am Horizont, und darüber beginnt sich der Himmel silbrig zu wölben. Als wäre das nicht kitschig genug, sind oft auch noch rosarote Wolkenbänder zum Trocknen aufgehängt.

Den ganzen Zauber kann das Morgenlicht entfalten, wenn die Strassenlichter ausgehen. Dann scheint die Zeit stillzustehen, wenigstens für fünf oder zehn Minuten (mit einer Uhr gemessen, die weitertickt). Jetzt bricht eine flüchtige Zwischenzeit an, ein paar geschenkte Augenblicke, wenn es nicht mehr Nacht ist und noch nicht Tag. Meist versuche ich dann kurz an alle jene zu denken, die dieses Spektakel verpassen, weil sie noch unter der Dusche stehen oder sich im Tram bereits durch eine Zeitung lesen. Seht her!, möchte ich dann durchs Mikrofon rufen. Ein zarter Silberschimmer liegt nun über der Stadt, Asphalt und Häuserfassaden schimmern in kühlem Blau, wie mit Métallisé-Lack überzogen.

Meint es das Schicksal besonders gut mit mir, kriege ich eine Zugabe geboten. Wenn ich zum Beispiel vom Kunsthaus Richtung Bellevue fahre und wenn dann die tief stehende Sonne kurzzeitig die Albiskette anstrahlt, dann fehlt nichts mehr zum Glück. Der Hügelzug zwischen Uetliberg und Albispass ist zum Greifen nah, Geländeeinschnitte und selbst einzelne Bäume treten hervor, als wäre alles frisch modelliert worden. Doch bevor ich mir überlegen kann, ob ich das Tram stoppen und einfach staunen soll, ist der Zauber verflogen.

TRAMTOURISTEN

Seit kurzem trage ich beim Fahren weisse Handschuhe. Nicht weil ich an einer Hautallergie leide, nein, ich war in Japan in den Ferien. Und dort konnte ich dem Drang nicht widerstehen, mir ein Paar aus dieser hauchdünnen Baumwolle zu kaufen. Anfangs war das ein komisches Gefühl, ich kam mir vor wie ein Zahnarzt. Ganz anders in Japan, dort sind die weissen Handschuhe fester Bestandteil vieler Uniformen, nicht nur Verkehrspolizisten tragen sie, auch Taxifahrer, Museumsaufseher. Und eben: Tramfahrer.

Dass in Japan überhaupt Trams verkehren, hat mich extrem gefreut. Ich hatte mich auf blitzblanke Untergrundbahnen eingestellt und den Superschnellzug Shinkansen. Und dann das: viele alte, um nicht zu sagen museumswürdige Trams, die durch die Strassen von Hiroshima holperten. Da sind meine Frau und ich gleich eingestiegen. Seit ich Tramführer geworden bin, ist das wie ein Zwang, ich muss einfach eine Runde mitfahren, wenn ich in einer fremden Stadt ein Tram sehe. Dabei bekommt man nicht nur viel zu sehen, man erfährt auch einiges über die lokalen Sitten und Gebräuche. Einmal waren wir in Turin, da durften wir erleben, wie der Fahrer seelenruhig in sein Mobiltelefon sprach, während er mit der andern Hand das Fahrzeug lenkte. Der Tramführer in Berlin war dann weniger gesprächig, dafür umso pflichtbewusster. An der Endstation wies er uns unmissverständlich an, das Tram zu verlassen – dreissig Sekunden später, nachdem er die Wendeschleife durchfahren hatte, durften wir wieder zusteigen.

In Hiroshima also nahmen wir Platz, und ich erlebte bald eine Enttäuschung: Japanische Tramfahrer fahren ohne Regungen aneinander vorbei, kein Grüssen beim Kreuzen. Dabei benehmen

ÜBERLEBEN IN DER GROSSSTADT

sich die Japaner sonst überaus freundlich, verneigen sich zum Gruss, und dank den weissen Handschuhen wäre ein kurzes Winken gut sichtbar. Aber schon erlebte ich die nächste Überraschung, ich sah noch einen Angestellten, er stand ganz hinten bei einer Türe. Das muss ein Kondukteur sein, sagte ich zu meiner Frau. Es war wie auf einer Zeitreise! In meiner Kindheit war dieser Berufsstand längst ausgestorben, wegrationalisiert, den Billetautomaten zum Opfer gefallen. Aber im modernen Japan haben sich die Kondukteure bis ins 21. Jahrhundert gerettet. Und so starrten wir diesen jungen Mann an, tadellose Uniform, Anzug, weisses Hemd, Krawatte, steifer Hut mit Goldrand. Verliessen Fahrgäste das Tram, richtete er ein Auge auf das Kleingeld, das sie in einen Behälter warfen, gleichzeitig neigte er den Oberkörper und bedankte sich mit den Worten «arigato gozaimashita». Bei jedem Fahrgast einzeln.

Meine Frau und ich taten, was wir in dieser Situation immer tun: Wir fuhren bis ans Ende der Tramlinie, landeten am Hafen, atmeten Meerluft. Auf der Rückfahrt schaute ich dem Fahrer über die Schultern, und mir fiel auf, dass auch er sich persönlich bei allen Fahrgästen verabschiedete, die das Tram durch die vorderste Türe verliessen. Ich begann zu überlegen, wie ich das in Zürich einführen könnte. Doch dann kamen mir Zweifel darüber, ob der zusätzliche Service überhaupt verstanden würde. Viel eher, vermutete ich, würden die Worte als Selbstgespräch des Fahrers gedeutet.

MEINE GRÖSSTE SCHWÄCHE

Darf ich an dieser Stelle über meine Blase schreiben?, habe ich meine Frau gefragt. Über meine Blasenschwäche, um genau zu sein. Solange ich nicht zu weit in die urologischen Niederungen meines Lebens vordringe, meinte sie, sei ihr das egal. Weshalb ich es versuchen will. Schliesslich weiss ich per Zufall aus der Werbung, dass ich unter einer geheimnisvollen, das heisst von vielen geheim gehaltenen Krankheit leide: Ich muss mehr als achtmal täglich aufs WC, scheinbar untrügliches Zeichen einer körperlichen Anomalie. Eine schwache Blase, hat man früher zu solchen Unpässlichkeiten gesagt. Womit das Thema erledigt war. Doch der Fortschritt macht auch vor der Sprache nicht halt, und so redet man jetzt in meinem Fall besser von einer Reizblase. «Keine lebensbedrohliche Erkrankung», lässt einen der Pharmahersteller zwar wissen. Aber doch gefährlich genug, um angeblich seelischen Stress, Schlaflosigkeit und Depressionen auszulösen.

Als Tramfahrer ist man für solche Neuerungen hellhörig. Andere Werktätige können kurz aufs WC verschwinden, wenn die Blase drückt. Wir haben uns an den Fahrplan zu halten. Der lässt es nicht zu, dass wir uns beim Bellevue oder am Stauffacher zwecks Wasserlösen und für unbestimmte Zeit vom Fahrzeug entfernen. Am Arbeitsplatz selbst ist Erleichterung auch nur schwerlich möglich. Die Führerkabine mag geräumig wirken, darin die Notdurft zu verrichten wäre aber schon etwas riskant (in allergrösster Bedrängnis liesse sich theoretisch mit einer Pet-Flasche hantieren, aber dafür sind die Scheiben zu wenig abgetönt). Deshalb heisst es, Beine zusammenpressen und warten bis zur Endstation.

ANATOMIE DES TRAMFÜHRERS

Natürlich kann ich mir an meiner Lieblingshaltestelle Zoo Schöneres vorstellen, als – einem plötzlichen Harndrang vorbeugend – aufs WC zu gehen. Bei guter Fernsicht lockt das Panorama von den Glarner bis zu den Berner Alpen, und man kann erst noch beobachten, ob das ewige Eis der allgemeinen Erwärmung standzuhalten vermag. Doch auch auf der Toilette lassen sich horizonterweiternde Eindrücke gewinnen. Blasenschwache (oder muss ich sagen Blasengereizte?) können zum Beispiel den so genannten Duft der weiten Welt atmen. Der durchdringende Mix aus Harnsäure und anderen Ausscheidungsstoffen erinnert mich zumindest regelmässig an die Ferien, als wir uns auf den adriatischen Strandtoiletten die Nase zuhalten mussten. (Wer solche geruchreichen Zeitreisen unternehmen will, dem seien die Anlagen von Farbhof und Triemli empfohlen.) Und ganz nebenbei erhalten rastlose Toilettengänger Einblicke ins Seelenleben von Voyeuren. An einigen Haltestellen gibt es nämlich exklusive VBZ-Toiletten, die nur über das Damen-WC zugänglich sind. Dort hat mich unlängst eine Frau aufgeregt gefragt, was ich hier zu suchen habe. Ich fahre Tram, begann ich mich zu entschuldigen. Zum Glück trage ich bei meiner Arbeit eine Uniform. Das hilft, energischen, den mutmasslichen Spanner entlarvenden Blicken standzuhalten.

SCHIENENGLÜCK

Da bemüht man sich, sein Leben absolut logisch zu organisieren, und immer wieder tauchen Dinge auf, die einen aus der Ruhe bringen. Das musste jene Frau erleben, der zu Ohren gekommen war, sämtliche Tramfahrer litten unter einem Schienenblick. Dieser Umstand, vertraute sie mir an, lasse ihr keine Ruhe mehr. Deshalb gleich vorweg eine Entwarnung: Die Gefahr, an diesem heimtückischen Augenleiden zu erkranken, ist für Tramreisende verschwindend klein. Ich möchte sogar behaupten, eine Ansteckung mit dem Erreger könne ausgeschlossen werden. Der gelegentliche Blick auf die Schienen reicht nicht aus, um den Sehapparat nachhaltig zu stören. Da braucht es schon eine höhere Dosis. Und selbst meine Kollegen scheinen resistent. Zumindest habe ich bis heute keinen ausfindig machen können, der zugegeben hätte, je an diesen Sehbeschwerden gelitten zu haben. Aber das muss nichts heissen, wer redet schon gerne über seine Gebrechen.

Vielleicht hilft ein kleiner Exkurs in die Augenheillehre. Tatsächlich ist dort eine ähnlich klingende Augenkrankheit bekannt: der Tunnel- oder Röhrenblick. Keine gemütliche Sache, vielmehr eine allmähliche Einschränkung des Gesichtsfeldes, die bis zur Erblindung führen kann. Die Betroffenen haben den Eindruck, sie würden durch eine Röhre sehen – in der Mitte sehen sie normal, aussen befindet sich ein runder schwarzer Rand. In die Welt des Trams übertragen, heisst dies: Unsereins sieht in der Mitte normal, eben dort, wo die Schienen verlaufen. Links und rechts davon ist alles mehr oder weniger schwarz oder wenigstens grau. Wobei dieses Phänomen mit den Jahren zunimmt, sich unser Blickfeld also immer mehr verengt, bis der Horizont zuletzt noch genau hundert Zentimeter beträgt. So weit liegen die Schienen auseinander.

Ein solches Sehverhalten ist der Sache, das heisst dem Vorwärtskommen, eher abträglich. Ich solle die Augen wandern lassen, hat mir mein Fahrlehrer im Gegenteil eingetrichtert, überall nach möglichen Gefahren suchen. Und doch macht es manchmal Spass, meinen Blick auf die Schienen zu verengen. Bei starkem Regen kann ich beobachten, wie sich die Geleise in kleine Bäche verwandeln, in denen das Wasser zielstrebig ins Zentrum fliesst. Oder ich werde Zeuge, wie sich in meinem begrenzten Sehfeld ergreifende Szenen abspielen. Wie an jenem Abend, als aus dem Nichts eine sichtlich verstörte Ente auftauchte und gleich darauf ein älterer Mann, der ebenso aufgeregt hinterherrannte. Ich fragte mich, wie das Tier von der benachbarten Sihl in den Abendverkehr gekommen war und weshalb ein Mensch sein Leben dafür aufs Spiel setzt. Dann bremste ich scharf, die Ente drehte nach rechts ab, setzte ihre Flucht fort und verschwand samt ihrem Verfolger in der Dunkelheit.

Ja, und dann gibt es noch den Schwamendinger Tunnel. Hier wird der Tunnelblick in voller Fahrt und auf betriebliche Anordnung hin praktiziert. Ganze zwei Kilometer lang kann ich durch die Röhre blicken. Mangels Beleuchtung ist alles nachtschwarz, nicht nur in der Bildmitte.

PAU|SE, DIE

Es wäre so einfach, eine Lobeshymne auf die Pause anzustimmen. Viele Beschäftigungen verdanken ihre Anziehung der kurzzeitigen Unterbrechung. Ins Kino hat mich früher vor allem die Glace gelockt, als noch die Filmrollen gewechselt werden mussten. Beim Fussballspiel freute ich mich mehr auf die Bratwurst, die mir mein Vater kaufte, als auf die Tore. Und noch heute können es die Werbespots im Fernsehen punkto Informationsgehalt und Unterhaltungswert mit vielen Talkshows aufnehmen.

Beim Tramfahren, das weiss ich heute, verhält es sich anders. Zwar fahren wir nicht nur Tram, an den Endstationen sieht der Fahrplan regelmässig ein paar Minuten Stillstand vor. Und so hatte ich mich auf das Innehalten gefreut, mir besinnliche Momente, aufregende Pausenbeschäftigungen vorgestellt, als ich mich damals um die Stelle bewarb. Ich malte mir erlebnisreiche Streifzüge durch unbekannte Quartiere aus, belebende Promenaden etwa an der frischen Seeluft beim Bahnhof Tiefenbrunnen. Und ich war gespannt auf den Blick vom Albisgütli auf die Stadt.

Das waren nicht ganz zutreffende Vorstellungen. Der Erholungswert der Seeluft wird vom Durchgangsverkehr gemindert. Die Idylle am Fuss des Uetlibergs erfährt durch den zähen Wehrwillen der Hobbyschützen und den daraus resultierenden Gefechtslärm eine gewisse Trübung. Und überhaupt fehlt für grössere Unternehmungen die Zeit. Meist muss die so genannte Pause als Puffer herhalten, um die beim Fahren aufgetretene Verspätung aufzuholen. Aus diesem Grund sehen viele meiner Kolleginnen und Kollegen davon ab, für diese Zeitspanne das Wort Pause in den Mund zu nehmen. Sie sprechen distanziert von Umschlagzeit, um nicht etwa den Eindruck von Entspannung oder gar Erholung aufkommen zu lassen. Doch bisweilen kommt es vor, dass ich ohne Verspätung ans Ziel gelange. Sozusagen ungebremst von Baustellen, stehenden Autokolonnen oder aufmerksamen Fahrgästen, die sich selbstlos auf das Trittbrett stellen, damit andere Menschen das Kleingeld aus ihrem Portemonnaie klauben und mit Hingabe den Ticketautomaten füttern können – als möchten sie den TV-Star Kurt Felix imitieren, der dies vor ewiger Zeit im legendären Teleboy mit seinen Goldvrenelis zelebriert hatte.

Bleiben mir wider Erwarten ein paar Minuten, dann gilt meine Aufmerksamkeit gezwungenermassen zuerst meiner schwachen Blase. Erst danach kann ich mich anderen Aktivitäten widmen. Ich versuche zum Beispiel, die Verspannung vom Sitzen mit ein paar Klimmzügen zu lockern. Oder ich sammle liegengebliebene Handtaschen ein, beziehungsweise den Hausmüll, den kostenbewusste Zeitgenossen sorgsam unter einem der Sitze platziert haben. Als blosser Passivraucher bleibt es mir immerhin erspart, mir eine Zigarette anzünden und diese dann in Rekordzeit abrauchen zu müssen. Denn schon ruft der Fahrplan wieder zur Rückfahrt.

MULTITASKING IN DER TRAMKABINE

Was macht ein Tramführer eigentlich die ganze Zeit, einmal abgesehen davon, zu beschleunigen, zu bremsen, Haltestellen anzusagen und mit der Rasselglocke zu lärmen? Und was denkt er so? All dies will ein neugieriger Leser von mir wissen. Vor allem die letzte Frage ist bemerkenswert. Erstens, weil sie voraussetzt, dass Tramführer überhaupt denken. Und zweitens, weil der Fragesteller davon ausgeht, dass wir dieser anspruchsvollen, sich in aller Regel im Gehirn abspielenden Tätigkeit während des Fahrens nachgehen können. Ein klassischer Fall von Multitasking.

Ähnliche Fragen stelle ich mir auch immer wieder. Es nimmt mich zum Beispiel brennend Wunder, woran Taxifahrer so denken, wenn sie ungezwungen und lässig durch die Innenstadt kurven. Oder womit die – von mir für ihren Wagemut und ihre Frustrationstoleranz bewunderten – Mobility-Fahrer beschäftigt sind, wenn sie sich und ihrem Mietfahrzeug auf den Schienen eine kleine Pause gönnen. Aber zurück zur Eingangsfrage. Zwar kann ich mich nicht ganz auf das vegetative Nervensystem verlassen. Doch ich würde schon sagen, dass die mit dem Fahren verbundenen Aktivitäten nicht immer meine ganze geistige Kapazität beanspruchen. Mit der Zeit geht einem das Tramfahren eben ins Blut über, wie man so schön sagt. Zudem fährt das Tram auf Schienen.

So bleibt Raum für eigene Gedanken. Exakt zu schildern, woran ich beim Fahren denke, fällt mir allerdings schwer. Denn leider ist das menschliche Gehirn nicht wie eine Blackbox konstruiert, die sämtliche Arbeitsschritte protokolliert und die man bei Bedarf einfach aufschrauben kann. Und überhaupt vergesse ich das meiste gleich wieder. Zum Glück gibt es Psychologen und Neurowissenschafter, die sich um die Erforschung der Gedankenwelt bemühen. Dank ihnen wissen wir heute, dass Männer angeblich einmal pro Minute an Sex denken. Mindestens so häufig, vermute ich, denke ich ans Essen. Oder an meine Blase respektive an eine Toilette, die ich ansteuern kann. Oder ans Wetter.

Oft versuche ich, an gar nichts zu denken. Was schwierig ist, denn in der Regel entziehen sich meine Gedanken meiner Kontrolle. Sehe ich etwa ein Taxi vor mir oder ein rotes Mobility-Fahrzeug, denke ich reflexartig daran, ausreichend Abstand zu wahren. Wenn es dann trotzdem gefährlich wird, denke ich automatisch weiter, bis mir ein passendes Schimpfwort einfällt. Manchmal versuche ich meine Gedanken ganz bewusst zu steuern, indem ich mir kleine Aufgaben stelle. So bin ich seit kurzem mit einer Erhebung aus dem Bereich der Geschlechterforschung beschäftigt. Jedes Mal, wenn mich jemand zur Betätigung von Fuss- oder Rasselglocke zwingt, mache ich einen Strich in mein Notizbuch. Dabei unterscheide ich zwischen männlichen und weiblichen Verursachern. Noch will ich nichts verraten, denn ich stehe erst ganz am Anfang der Untersuchung.

Viele Menschen, habe ich einmal irgendwo gelesen, sollen beim Autofahren auf unglaublich gute Ideen kommen. Über das kreative Potenzial beim Tramfahren sollte man sich allerdings keine Illusionen machen. Je länger mein Dienst dauert, desto mehr gleicht sich mein Gedankenfluss der Fahrt des Trams an. Er dreht sich im Kreis.

DIE KUNST DER LANGEN WEILE

Das letzte Mal habe ich mich ehrlich dazu bekannt, nicht nur im Kreis zu fahren, sondern bei diesem Fahren zugleich im Kreis zu denken. Seither beschäftigt mich die Frage, ob das nun gegen mich und generell gegen unseren Berufsstand ausgelegt werden kann. Was ich natürlich unter allen Umständen verhindern möchte. Klar ist, dass die Wiederholung keine exklusive Eigenschaft des Tramwesens ist. Ob Metzger, Skilehrer oder Buchhalter – so gut wie alle beruflichen Tätigkeiten folgen einem festen Rhythmus. Selbst Weihnachtsengel, Samichläuse und andere Freiberufler sind dem Kalender unterworfen. Die Wiederholung gehört zum Leben. Vielleicht sind Tramführer in dieser Hinsicht einfach viel aufrichtiger. Wir machen niemandem etwas vor, wir wecken keine Illusionen, jeder Tag bringe etwas Aussergewöhnliches. Wir drehen unsere Runden, und dazu stehen wir.

Die verordnete Repetition bietet Vorteile. Es hat etwas zutiefst Meditatives, sich im Kreis zu bewegen. Ruhig, fast kontemplativ kann das sein, etwa im Spätdienst auf der Linie 5. Vor kurzem bin ich an einem Abend ganze acht Mal die Schleife zwischen Kirche Fluntern und Bahnhof Enge gefahren. Fast zwangsläufig verändert sich dabei das Zeitgefühl. Mit dem Effekt, dass die Stunden nur ganz langsam verstreichen. Man darf sich nichts vormachen: Das kann durchaus langweilig werden. Zum einen ist selbst beim Bellevue ab zwanzig Uhr nichts mehr los. Zum andern sind wir in der Tramkabine eingesperrt, was Ablenkung, wie sie an anderen Arbeitsplätzen möglich ist, schwierig macht. Kein Internet, keine privaten Telefongespräche, kein Geplauder bei der Kaffeemaschine. Die Möglichkeiten, mir die Zeit zu vertreiben, beschränken sich

ANATOMIE DES TRAMFÜHRERS

darauf, die neusten Werbeplakate zu studieren oder den Fahrplan. Trotzdem sollte man die Gleichförmigkeit unsere Arbeit nicht überschätzen. Wir fahren regelmässig auf verschiedenen Linien, und das zu ganz unterschiedlichen Tages- und Nachtzeiten. Auch die Kulisse verändert sich ständig. Häuser werden abgerissen, neue Häuser hingestellt. Läden verschwinden, neue Läden aufgemacht. Restaurants werden geschlossen, neue Restaurants eröffnet. Ein Kommen und Gehen.

Vor allem aber sind es andere Menschen, die unsere Arbeit vor der totalen Monotonie bewahren. Fussgänger mit eingeschränktem Blickfeld. Autofahrer, welche die Verkehrsregeln grosszügig auslegen. Und damit ist endlich die Überleitung geschafft zu meiner kleinen Untersuchung, über die ich das letzte Mal berichtet habe: die Gender Study darüber, ob mich Männer oder Frauen häufiger zur Betätigung von Rassel- und Fussglocke zwingen. Nun, drei Tage lang habe ich Protokoll geführt, das Resultat ist eindeutig ausgefallen: Exakt 38 Mal habe ich wegen eines Mannes und 25 Mal wegen einer Frau gelärmt. (Nicht gezählt ist dabei das prophylaktische Klingeln oder wenn das Geschlecht nicht eindeutig bestimmbar war.) Und noch ein Unterschied ist mir aufgefallen. Die Frauen, die mich aufschrecken liessen, waren mit einer Ausnahme immer zu Fuss unterwegs. Kommt mir ein Auto in die Quere, sitzt so gut wie immer ein Mann am Steuer. Wie dies zu erklären ist, darüber muss ich mir im nächsten Spätdienst Gedanken machen.

GUT TRAM

Zugegeben, dieser Titel sagt wenig aus. Und wenn, dann müsste es sprachlich korrekt heissen: gutes Tram. Aber der Bekanntheitsgrad dieser Formulierung wird schon bald sprunghaft steigen. Denn ich will hier den Versuch anstellen, eine verbindliche tramspezifische Grussbotschaft einzuführen. Das klingt abstrakter, als es ist. Nehmen wir «Petri Heil», das kennt jeder. Vor kurzem, als ich mich in die Geheimnisse der Zürichseefischerei habe einweihen lassen, bin ich richtig neidisch geworden, wegen des Heils des Petrus. Seit ich mich erinnern mag, verleiht die uralte Grussformel dem Fischereigewerbe diesen besonderen Anstrich. Da spielt es gar keine Rolle, ob man daran glaubt, dass Petrus auch heute noch irgendwie die Finger im Spiel hat, wenn die Egli, Felchen oder Karpfen beissen beziehungsweise in die Netze geraten.

Wie ich an diesem lauen Sommermorgen in einem Fischerboot sass – kurz vor sechs, der Mond stand über dem spiegelflachen See, in der Luft kreisten Schwalben –, da ist mir schmerzhaft bewusst geworden, welche empfindliche Lücke bei den Tramfahrern klafft. Wir kennen keinen vergleichbaren verbalen Gruss. Beim Fahrerwechsel gibt man sich die Hand, wünscht sich vielleicht, knapp und stereotyp, eine gute Fahrt, damit hat es sich. Selbst bei meinen Tramkollegen, die seit zwanzig oder dreissig Jahren auf den Schienen unterwegs sind, konnte sich keine charakteristische Formulierung herausbilden. Was umso gravierender ist, als das Grüssen mit der Hand in unserem Metier überaus diszipliniert betrieben wird.

Ein paar Abklärungen haben meine Enttäuschung über diese Unzulänglichkeit noch wachsen lassen. Alle ernstzunehmenden

ANATOMIE DES TRAMFÜHRERS

Tätigkeiten kennen einen Kurzgruss. «Waidmanns Heil» sagen die Jäger, «Glück auf» sagen die Bergmänner, bevor sie in den Stollen fahren, «Glück ab, gut Land» die Ballonfahrer, «Mast- und Schotbruch» die Segler, «Hals- und Beinbruch» die Skifahrer, «Gut Schuss» die Sportschützen, «Gut Holz» die Kegler. In der Hoffnung, aus diesen Informationen etwas Trammässiges ableiten zu können, habe ich mich zuerst daran gemacht, Ordnung zu schaffen. So gelang es mir, vier verschiedene Grusskategorien zu bestimmen: Erstens so genannte Heilrufe (für Jäger und Fischer mag das in Ordnung gehen, in meinen Ohren klingt es zu radikal rechts). Zweitens allgemeine Glückwünsche (damit verbinde ich instinktiv die Verpflichtung, ein passendes Geburtstagsgeschenk zu besorgen). Drittens die Nennung des grösstmöglichen Unglücks (so abergläubisch bin ich nicht, dass ich davon ausgehe, irgendjemand würde dann genau das Gegenteil veranlassen). Blieb viertens eine Kategorie übrig, die mich überzeugte, die Verbindung mit einem positiv konnotierten Adjektiv.

Gut Tram. Kurz, prägnant und irgendwie sympathisch, genau das richtige. Auch wenn uns nichts mit Schützen und Keglern verbindet, weder Stumpenrauch noch Treffsicherheit.

DIE VERWANDLUNG

Vielleicht liegt es am Älterwerden. Auf jeden Fall frage ich mich in letzter Zeit immer häufiger: Verändert mich das Tramfahren? Macht mich die Arbeit auf Zürichs Schienen zu einem anderen Menschen? Ja, sagt meine Frau. Strukturierter sei mein Leben geworden, findet sie. Selbst wenn ich ausschlafen könnte, stelle ich stets den Wecker, fällt ihr auf. Ganz zu schweigen von der Pünktlichkeit, die ich ihr tagsüber abverlange. Seit bald vier Jahren fahre ich nun Tram, da bemerke ich solche Dinge nicht mehr. Aber meine Frau wird schon recht haben. Immerhin, möchte ich relativieren, bin ich noch nicht dazu übergegangen, mich auf 17 Uhr 51 mir ihr zu verabreden oder auf 19 Uhr 23, also minutengenau wie meine Tramdienste.

Bei andern Dingen fallen selbst mir die Veränderungen auf. Früher kannte ich alle Velomarken, inzwischen habe ich dazugelernt und vermag auch Autohersteller und selbst deren Modelle auseinanderzuhalten. Irgendwie muss ich meine Augen beschäftigen, wenn ich an den Kolonnen vorbeifahre. Heute kann ich gut mithalten, wenn meine Freunde über Autos diskutieren, ich kann erklären, dass sich der neue Porsche Cayman anhand der Luftschlitze gut vom Carrera unterscheiden lässt. Auch meine Zeitungslektüre ist eine andere geworden. Nun suche ich die vermischten Meldungen nach Tram-Schlagzeilen ab und präge mir genau ein, wenn etwa im Baselbiet ein Wildschwein sein Leben unter einem Tram gelassen hat.

Das Tram, habe ich festgestellt, beeinflusst mein Fahrverhalten mit anderen Verkehrsmitteln. Mit dem Velo fahre ich eher defensiver, was wohl damit zusammenhängt, dass ich vom Tram aus

ANATOMIE DES TRAMFÜHRERS

nicht nur meine Berufskollegen grüsse, sondern auch die Polizisten. Uniformsolidarität könnte man es nennen, und da wäre es mir unangenehm, wenn ich in der Freizeit bei der Missachtung von Verkehrsregeln beobachtet würde. Benutze ich einmal das Auto, drücke ich häufiger und länger auf die Hupe, genau so wie ich im Tram mit der Rasselglocke verfahre. Ich kann mich anstrengen, wie ich will, diesen Reflex bringe ich nicht mehr weg.

Und das sind erst die oberflächlichen Veränderungen. Was bewegt sich erst alles auf der mentalen Ebene? Tramführer müssen immer mit dem Schlimmsten rechnen. Bei jeder Stoppstrasse kann ein Auto ungebremst über die Schienen gerollt kommen, jeder Taxifahrer kann noch rasch bei dunkelorange über die Kreuzung fahren wollen. Alle, immer, überall: Nach diesen Regeln ist mein Warnsystem eingestellt. Um sofort bremsen zu können, habe ich mir angewöhnt, schwarzzusehen. Es wäre deshalb durchaus denkbar, dass sich mit der Zeit im Unterbewusstsein ein paar Dinge verschieben. Dass man zum Beispiel zu Verallgemeinerungen neigt, also Menschen eher als taub, blind oder wenigstens farbenblind bezeichnet, wenn es irgendwo gefährlich wird.

Bis heute hat sich diese berufsbedingte Schwarzmalerei nicht spürbar auf meinen Umgang mit anderen Menschen ausgewirkt. Nur in einem Punkt kann ich eine Veränderung feststellen: dass in Zürich immer mehr Menschen unter einer temporären Trübung ihrer Sinnesorgane leiden. Seit ziemlich genau vier Jahren nimmt dieses Phänomen zu, unaufhaltsam.

BAUJAHR 1966

Es ist eine alte Weisheit: Viele Dinge werden wieder interessant, kaum haben sie eine bestimmte Altersgrenze überschritten. Eine Rarität, sagt man dann und lässt sich ein Auto mit Baujahr 1966 etwas kosten, einen Peugeot 404 oder einen Opel Rekord B. Oder man mietet sich einen Mercedes-Benz 250 SE, für fünfhundert Franken am Tag.

Als Tramführer ist es mir vergönnt, solche Reisen in die industrielle Vergangenheit jeden Tag zu unternehmen, und ich werde erst noch bezahlt dafür. Mit der Mirage. Wie es sich für einen Oldtimer aus dieser Epoche gehört, sind die Trams mit wenig Elektronik ausgestattet, dafür mit viel bewährter Mechanik und Druckluft, die ein gefühlvolles Bremsen ermöglicht. Dass die Mirages den Namen mit Kampfflugzeugen teilen, liegt übrigens nicht an der düsentriebwerkhaften Beschleunigung, sondern daran, dass sie zur gleichen Zeit beschafft wurden.

Nicht alle vermögen sich gleichermassen an den Industriezeugen zu erfreuen. Fahrgäste müssen beim Einsteigen ein paar Stufen erklimmen, Anwohner fühlen sich von den fünfzig Tonnen schweren Kompositionen in ihrer Ruhe gestört. Vom Fahren selbst geht jedoch ein besonderer Reiz aus. Vor allem dann, wenn ich mit einem Gefährt unterwegs bin, das im gleichen Monat in Betrieb genommen worden ist wie ich, September 1966. Wenn mich der Zufall in die Kabine eines Altersgenossen schickt, studiere ich das Wagenbuch. Dort kann ich lesen, was anderen beim Fahren auffällt, wenn eine Lampe flackert, der Scheibenwischer schmiert oder wenn ein Berufskollege notiert: «Dieses Tram ist wie ein Schiff, ab 42 km/h schlingert es sehr.»

KLEINE TECHNIKKUNDE

Jede Beanstandung, ob verblümt oder unverblümt, nehme ich wegen der Altersübereinstimmung persönlich. Vor allem wenn die Räder des betroffenen Trams wieder geschliffen sind und alles einwandfrei funktioniert. Überhaupt gedeiht unseren Fahrzeugen eine liebevolle Pflege an. Fast rund um die Uhr werden Getriebe geschmiert, Bremsen und Türen kontrolliert, Trams gereinigt und für den nächsten Einsatz bereitgemacht. Und dann gibt es in Zürich noch einen ganz besonderen Wartungsspezialisten und treuen Kunden. Als Maschineningenieur hatte er Lokomotiven entwickelt, nun setzt sich der Frührentner freiwillig und unentgeltlich für unsere Trams ein. Schienenfahrzeug sei Schienenfahrzeug, hat er mir gesagt. Fast jeden Tag ist er im Tram unterwegs und beobachtet scharf: Er hört, wenn ein Antrieb heult oder ein Trittbrett klappert, er bemerkt, wenn eine Lampe nicht brennt, ihm fällt auf, wenn ein Kompressor wie der Dieselmotor eines Ozeandampfers dröhnt. Und er greift zum Telefon, um die Mängel zu melden.

Für unsere Mirage muss sich bald niemand mehr bemühen. Die Fahrzeuge haben die so genannte technische Lebensdauer von vierzig Jahren erreicht und werden nach und nach durch Cobras ersetzt. Eine Strecke von 2,4 Millionen Kilometern werden sie bis dann zurückgelegt haben, sechzig Mal um die Welt. Hätten die Fahrzeuge nicht genau mein Alter, ich könnte mich über die neuen Trams freuen. So aber werde ich beim Fahren nachdenklich, dass meine Altersgenossen aus dem Verkehr gezogen werden.

SCHÖN WARM HIER

Klimaerwärmung hin oder her, die auf Sommer und Herbst folgende Jahreszeit bleibt bis auf Weiteres die kälteste. Und das hat, wie so vieles, spürbare Auswirkungen auf das Tramfahren. Die Scheiben unserer Führerkabinen sind nämlich nicht nur gross und ermöglichen eine freie Sicht auf die Stadt und ihre Bewohner. Sie sind aus einem Glas beschaffen, das die Aussentemperatur zuverlässig in unsere Kabine leitet. Mit anderen Worten: Sinkt das Thermometer unter fünfzehn Grad, sind Tramführer, zumindest kälteempfindliche wie ich, zwingend auf die Heizung angewiesen.

Es ist immer ein besonderer Moment, wenn ich zu Beginn meines Dienstes das Warmluftgebläse der Führerkabine einschalte. Es muss mit Physik zusammenhängen, dass warme Gegenstände mehr Duftstoffe abgeben als kalte. So wie Käse intensiver riecht, wenn er im Fonduecaquelon gerührt wird, entströmen den laufenden Heizungen der Trams, vor allem der alten, ganz überraschende Gerüche. In den einen riecht es klebrig schwer nach Bier, als sässe man in einem Sudhaus. Andere erinnern mich wegen der Schmierfettnote an Autogaragen. In wieder anderen wähne ich mich in einem Wohnzimmer, siebziger Jahre, der Ofen überhitzt, der Teppich staubig, die Luft abgestanden. Würde ich die Augen schliessen, ich könnte mir sogar die passende Möbelpolitur dazudenken. Vor allem aber kitzelt es in der Nase.

Die Tramheizungen funktionieren nach einem brachialen System. Entweder es heizt, oder es heizt nicht. Man kann ein- oder ausschalten, die Temperatur lässt sich nicht wählen. So strecke ich mich alle drei, vier Stationen nach dem Schalter, damit es mir weder zu warm noch zu kalt wird. Das verhilft immerhin zu etwas Bewegung und regt die Zirkulation an.

Der Mensch, wird von Philosophen gerne gesagt, sei ein Mängelwesen. Was damit gemeint sein könnte, glaube ich zu erahnen, wenn ich an einem kalten Morgen mit dem Velo ins Depot fahre und den beissenden Fahrtwind spüre. Oder wenn die Tramheizung einmal ausfällt. Bleibt das Gebläse in meiner Kabine still, wird es ernst. Dann nützt auch die richtige Kleidung nichts mehr, weder Thermo-Unterwäsche noch Faserpelz oder handgestrickte Pulswärmer.

Bevor ich in der Kälte unverhofft meinen Atemhauch sehen kann und an der Windschutzscheibe Eisblumen wachsen, versuche ich den drohenden Temperaturabfall wenn nicht zu verhindern, so doch etwas zu verlangsamen. Ich schalte die Scheibenheizung ein, die eigentlich bei starkem Regen das Beschlagen verhindern soll, und nehme die Fusswärmeplatte in Betrieb, die konsequent die Schuhsolen aufheizt. Zusätzlich nutze ich die Zeit an den Haltestellen, um eine auf die knappen Platzverhältnisse angepasste Gymnastik zu betreiben, lasse also das Becken kreisen oder spanne die Wadenmuskeln. Was in der Economyklasse im Flugzeug gegen Thrombosen wirkt, sage ich mir, müsste auch im Führerstand warm geben. Auf diese Weise lassen sich auch kühle Episoden überstehen. Und am folgenden Tag bin ich richtig dankbar, wenn es in der Führerkabine nach Bier riecht.

SÜSSER DIE GLOCKEN NIE KLINGEN

Keine Angst, hier geht es nicht um glockenhelle, Schlager singende Kinderstimmen. Ich will hier keine weihnächtliche Einstimmung betreiben. Hier geht es um das unverzichtbare Arbeitsinstrument eines jeden Tramführers. Um die Rasselglocke. Ein Knopfdruck genügt, und ein Höllenlärm bricht los. Fussgänger, Velofahrer und auch nicht ganz hellhörige Automobilisten horchen auf.

Viele Menschen beneiden uns deswegen. Ein Freund von mir hat sich vom eindringlichen Klang dermassen beeindrucken lassen, dass er lange an einer mobilen Ausführung herumstudierte. Für sein Velo. Das schwindsüchtige Glöcklein am Lenker hätte er dann abmontieren und akustisch aufrüsten können. Mit unserem Apparat könne er sich Platz verschaffen im Stadtverkehr, hoffte er, und mit seiner Idee gleich noch ein Geschäft machen. Gerne hätte ich ihn bei seinem Plan unterstützt, mit der Original-Züritram-Rasselglocke den Markt für Veloglocken zu überrollen. Doch leider wird nichts daraus, denn kürzlich habe ich in unserem Depot einen Blick unter ein Tram werfen können. Und da ist mir diese Metallscheibe aufgefallen, gross wie eine alte Schallplatte, massives Gusseisen, bestimmt fünf Kilo schwer. Dieser sorgfältig geformte Klangkörper, musste ich meinem Freund mitteilen, ist für den ambulanten Einsatz ungeeignet. Die Radler würden das Gleichgewicht verlieren. So bleibt das Privileg, mit der Rasselglocke Aufmerksamkeit zu erzeugen, weiterhin den Tramführern vorbehalten.

Der Name ist ja etwas irreführend, lässt einen an eine zierliche Kinderrassel denken. Doch unser Gerät ist nichts fürs Kinderzimmer. Gegen hundert Dezibel dröhnt das Metall, wenn der Fahrer will oder wenn er die Notbremsung betätigt. Technisch gesehen, handelt es sich bei unserer Rassel um eine frisierte Kirchenglocke. Anders als im Kirchturm ist die Tramglocke unbeweglich, und alles läuft schneller ab, das heisst die beiden Klöppel schlagen, angetrieben von einem Elektromotor, mit hoher Frequenz gegen das Metall, über dreihundert Schläge pro Minute. Das ergibt diesen einzigartigen Klang.

Ich will nicht verschweigen, dass die Rassel auch dazu dienen kann, dem Ärger über andere Verkehrsteilnehmende etwas Luft zu machen. Allerdings wird der Lärm manchmal selbst für mich zu viel. Etwa bei Falschparkierern. Als wieder einmal ein Auto präzise auf den Geleisen abgestellt und vom Fahrer nichts zu sehen war, wurde ich von der Leitstelle aufgefordert, zu rasseln. Und zwar nicht nur kurz. Dreissig Sekunden oder einfach so lange sollte ich lärmen, bis das ganze Quartier zusammenliefe. Das wurde mir richtig unangenehm. Die Fahrgäste blickten verwundert, doch der Autobesitzer zeigte sich nicht beziehungsweise erst nach fünf Minuten. Gerne hätte ich mit ihm ein paar Worte über die Wirkung des Glockenklangs gewechselt, aber ich musste weiterfahren, der Fahrplan drängte.

Diese Episode zeigt den Kern der Rassel: Unser Warngerät ist eine Kompensationsmaschine. Wegen der Schienen kann ein Tram Hindernissen nur schlecht ausweichen. Dank der Rasselglocke ist aber das Umgekehrte möglich, dass die Hindernisse ihrerseits dem Tram ausweichen. Eine Art physikalisches Wunder.

IRRFAHRTEN UND ANDERE AFFÄREN

Überall stolpert man über Metaphern aus der Welt der Schienen. Menschen hoffen auf die richtige Bahn einzuschwenken. Sie wollen die Weichen rechtzeitig stellen oder wenigstens auf Kurs bleiben. Als würde einem nicht schon der Alltag schwerwiegende Entscheidungen abverlangen. Jeans oder Manchesterhose?, muss ich mich beim Aufstehen fragen (wenn nicht die blaue Uniform bereitliegt). Und gerate ich im Coop vor das Konfitüren-Regal, habe ich aus sechsundfünfzig verschiedenen Sorten die Wahl, davon allein sechsmal Bitterorangen. Wie soll ich da wissen, was gut für mich ist?

Zum Glück gibt es das Tram. Da sind die Wege vorgegeben, die Schienen verlegt, der Verlauf der Tramlinien festgelegt. Was mir das Leben einfacher macht. Und gleichzeitig vermag ich, was Fragen der Entscheidungsfindung angeht, so etwas wie Routine zu entwickeln. Denn Entscheide zu fällen, das heisst die Weichen richtig zu stellen, ist in unserem Beruf zentral. Auf der Linie 3 zwischen Albisrieden und Klusplatz sind es zum Beispiel elf Weichen. In vier Stunden Dienst komme ich so auf über achtzig Entscheidungen. Zwar hilft uns die Technik, fast alle Weichen werden automatisch gestellt. Dazu ein kleiner Exkurs für die Technophilen. Das mit der Weichensteuerung geht so: Jedes Tram sendet ein Signal aus. Die Weiche erkennt am Central, ob ein Tram der Linie 3 oder 15 einfährt, und stellt nach rechts oder links. In aller Regel. Es sei denn, die Technik will nicht. Dann wird der falsche Weg vorgegeben. Für uns heisst das: sofort anhalten, aussteigen und von Hand, das heisst mit dem Weicheisen, die Metallzungen in die gewünschte Richtung umlegen.

KLEINE TECHNIKKUNDE

Wer nicht aufpasst und rechtzeitig anhält, fährt falsch. So peinlich es klingt: Das ist mir tatsächlich einmal selber passiert. Irgendwie, ich fuhr zur Stosszeit mit der Linie 3 ins Central, musste ich mit den Gedanken weit weg gewesen sein, da zeigte die Weiche 69 (alle haben eine Nummer, von 1 bis 399) plötzlich nach links zur ETH hoch. Dabei führt die Linie 3 nach rechts zum Kunsthaus. Ich hatte zu spät reagiert und war einen Meter zu weit gefahren. Theoretisch hätte ich zurückfahren und die Weiche von Hand richtig stellen können. Aber die Leitstelle, der ich den Vorfall meldete, entschied anders. Ich sollte in die falsche Richtung weiterfahren. Immerhin war man rücksichtsvoll genug, den Fahrgästen die kurze Umleitung umgehend mit einer «Weichenstörung» zu erklären. Und so fuhr ich dann eine Zusatzschleife über die ETH und Kantonsschule, um beim Kunsthaus wieder auf die richtige Strecke einzubiegen.

Das Schlimmste, was einem mit Weichen passieren kann, ist mir zum Glück erspart geblieben: dass das Tram entgleist. Zeigt eine Weiche weder in die eine noch in die andere Richtung, wenn etwa eine Pet-Flasche eingeklemmt ist, dann droht das Tram aus den Schienen zu geraten. So wie im richtigen Leben: Wer sich an einem Punkt gar nicht entscheiden kann, zwischen zwei Stellen oder zwei Menschen, riskiert aus der Bahn geworfen zu werden. Deshalb sage ich mir, lieber einmal falsch entscheiden als gar nicht. Früher oder später kommt man wieder auf den richtigen Weg. Zumindest mit dem Tram.

IM SCHWARZEN LOCH

Träume machen die Wirklichkeit spannender. Etwas Phantasie genügt, und schon werden aus einfachen Handlungen abenteuerliche Vorgänge. An einem Beispiel erklärt: Immer wenn ich in den Schwamendinger Tunnel einfahre, stelle ich mir vor, ich sei im Gotthard. Ich tauche in die Dunkelheit und male mir aus, wie ich die Alpen unterfahre.

Träumen ist gut. Aber in gewissen Abständen muss man die Phantasie anregen. Und auf den neusten Stand bringen, gerade im Fall des Gotthards. Hier wird ja seit ein paar Jahren am längsten Tunnel der Welt gebaut. Dieses Loch, habe ich mir gesagt, muss ein Tramführer einmal von innen gesehen haben, und zwar solange noch daran gearbeitet wird. Ewig hat man dafür nicht mehr Zeit.

Ein Overall, ein Helm, Gummistiefel und ein Atemgerät sind nötig, und schon fährt mich eine freundliche Praktikantin aus Deutschland mit dem Geländewagen bei Faido in die Tiefe. Dreihundert Höhenmeter geht es auf das Niveau der Tunnelröhren hinab. Jetzt wird es mit der Orientierung schwierig. Kavernen tun sich auf, Röhren und Stollen verzweigen sich in alle Himmelsrichtungen. Hier wird eine so genannte Multifunktionsstelle gebaut, für Spurwechsel, Nothaltestellen und Lüftung ist bereits Raum freigesprengt worden. Klingt technisch, aber noch liegt eine archaische Landschaft vor mir, in der riesenhafte Lastwagen umherrollen. Überraschend ruhig ist es, eine Handvoll Arbeiter verlegt Rohre, einer spritzt Beton ans Tunnelgewölbe.

Tausend Meter Fels liegen über uns. Nicht auszudenken, was für ein Druck auf den Hohlräumen lastet. Doch meine Sinne sind mit anderem beschäftigt, mit der Hitze. Tropische dreissig Grad

KLEINE TECHNIKKUNDE

ist es warm, ohne Kühlung wäre es noch heisser – von der Oberfläche aus betrachtet, sind wir schon ein gutes Stück Richtung Erdmittelpunkt gelangt. Zu Fuss machen wir ein paar Schritte durch die Röhre, und ich versuche mir vorzustellen, wie hier einmal Personenzüge mit 200 km/h durchbrausen. In zwölf Minuten werden sie den 57 Kilometer langen Tunnel durchfahren. Da geht es bei uns im Schwamendinger Tunnel schon etwas beschaulicher zu und her. Mit 60 km/h brauche ich für 2,4 Kilometer, inklusive Halt an drei Stationen, vier Minuten.

Wieder in Faido oben, blendet mich die Sonne. Das ist in unserem Tramtunnel nicht viel anders. Und noch eine Ähnlichkeit fällt mir auf, in Zürich kann ich regelmässig den Gotthardeffekt studieren. Ich meine damit das Phänomen, dass sich das Wetter vom Nord- zum Südportal ändert. Mit grosser Neugier fahre ich jeweils Richtung Schwamendingerplatz, um zu vergleichen, wie stark es hier regnet, oder um zu erfahren, ob die Dämmerung bereits in die Nacht übergegangen ist.

Auf der Rückfahrt nach Zürich überlege ich, ob die Lokomotivführer für die Fahrt durch den neuen Tunnel eine spezielle Ausbildung brauchen werden. Von wegen Tunnelangst. Das war beim Schwamendinger Tunnel auch so. Als der vor bald zwanzig Jahren eröffnet wurde, weigerten sich ein paar Tramführer anfänglich durchzufahren, derart dunkel ist es darin. Auch ich musste mich die ersten Male überwinden. Mittlerweile kann ich die Fahrt geniessen. In Zukunft noch mehr, wenn ich mich im längsten Tunnel der Welt wähnen kann.

COBRA, BITTE KOMMEN

Ja, auch ich fahre mit der Cobra. Endlich kann ich die Frage nach den neuen Zürcher Trams bejahen. Die letzten paar Jahre sind mir Freunde, aber auch gänzlich Unbekannte damit in den Ohren gelegen, kaum ist das Gespräch aufs Tram gekommen. Lange Zeit war es das Privileg der Dienstälteren gewesen und jener, die mutig beziehungsweise ausreichend nervenstark waren, mit den ersten Fahrzeugen Erfahrungen zu sammeln. Inzwischen sind wir umgeschult worden, jetzt entscheidet der Dienstplan, ob man einen Oldtimer zu fahren bekommt oder eine Maschine aus dem 21. Jahrhundert.

Vor kurzem war es dann so weit. Ich stand beim Bahnhof Wiedikon, um meinen Kollegen auf der Linie 9 abzulösen, da kam eine Cobra daher. Brandneu war das Tram, erst eine Woche im Einsatz, tausend Kilometer auf dem Tachometer. Natürlich war ich nervös, seit meiner Umschulung waren ein paar Monate vergangen. Ein kurzer Blick auf die vielen Knöpfe, dann wartete ich, ob die Türen richtig schlossen, und fuhr los. Und geriet schon bald ins Schwitzen. Nicht weil das Fahren viel anders wäre, ein Tram ist ein Tram. Nein, die Heizung war aufgedreht, und ich suchte die ganze Führerkabine vergeblich nach einem Regler ab. Nach einer halben Stunde nahm ich den Fahrzeugbeschrieb zur Hand, und da las ich, dass die Heizung über den Bildschirm gesteuert wird.

Auf einen Punkt war ich besonders gespannt: auf das Fahrgefühl. Seit langem fiel mir der entspannte Gesichtsausdruck auf, wenn ein Kollege in der Cobra entgegenkam. Wie Könige thronen sie auf ihren Sesseln, gut sichtbar in den verglasten Kabinen. Jetzt weiss ich, das muss am Fahrzeug liegen. Ich fühlte mich glücklich, war irgendwie stolz. Weshalb? Die neuste Technik zur Verfügung zu haben, empfand ich als Privileg. Vor lauter Präzision und Komfort regte sich eine kindliche Freude. Auch wenn Sitzheizung, elektrisch verstellbare Rückspiegel oder ein mit Leder überzogenes Steuerrad in vielen Autos längst gebräuchlich sind.

Und was halten die Passagiere von der Cobra? Ich habe versucht, ihre Mimik zu studieren. Doch sie zeigten wenig Reaktion, vielleicht haben sie sich bereits daran gewöhnt. Immerhin winkte eine Schulklasse mir respektive dem Tram zu. Dann fiel mir noch etwas auf: Entweder fährt die Cobra ruhiger, als ihr nachgesagt wird. Oder die Fussgänger waren an diesem Tag schwerhöriger als sonst. Auf jeden Fall taten viele so, als ignorierten sie mein neues Tram und spazierten scheinbar ungestört vor mir auf den Geleisen. Aber zum Glück verfügt auch die Cobra über eine leistungsstarke Rasselglocke.

Zum Schluss kam es dann doch noch fast zu einem Zwischenfall. Vor lauter Aufregung musste ich es versäumt haben, rechtzeitig aufs WC zu gehen, und plötzlich begann meine generell zur Schwäche neigende Blase zu drücken, immer stärker wurde der Drang, richtig knapp wurde es, bis ich in Hirzenbach endlich aus dem Tram eilen konnte. So wird mir von der ersten Cobrafahrt vor allem diese körperliche Strapaze in Erinnerung bleiben. Was zeigt, dass auch die modernste Technik nichts an den grundlegenden Dingen meines Berufs zu ändern vermag.

ALLES, WAS SIE WISSEN MÜSSEN

Ich bin mit «Wer gwünnt» und «Der grosse Preis» vor dem Fernseher gross geworden. Heute heissen die Quizsendungen anders, und es geht um mehr Geld. Aber viel verändert hat sich nicht, noch immer wird den Kandidaten lexikalisches Wissen abverlangt. Und weil das so unglaublich spannend ist und man gleichzeitig mitverfolgen kann, wie andere Geld gewinnen und es oft gleich wieder verlieren, werden diese Ratespiele nie aussterben. Und weil das so ist, und weil alle gerne Millionär wären, und weil es theoretisch möglich ist, dass jeder von uns plötzlich auf dem heissen Stuhl im Fernsehstudio sitzt, und weil es sein könnte, dass Günther Jauch dann eine ganz fiese Frage aus der Welt des Trams stellt, und weil es so unglaublich viele fiese Tramfragen gibt, und weil man dann bestimmt unglaublich nervös wäre – deshalb also möchte ich hier ein paar unserer Rätsel entschlüsseln.

Beginnen wir mit einem zentralen Arbeitsinstrument. Warum, lässt sich fragen, hat das Tram ein Lenkrad? Nun, dieses Rad, an dem sich die Wagenführer nicht nur in den Kurven festhalten, sieht zwar aus wie ein Lenkrad, damit wird aber nicht die Fahrtrichtung gelenkt (dafür sorgen eigentlich Schienen und Weichen). Es dient vielmehr dazu, die Geschwindigkeit zu regulieren (das Rad heisst bei uns Kontroller). Dreht man nach rechts, wird das Tram schneller, nach links langsamer. In anderen Städten halten die Trampiloten lässig einen kleinen Joystick in der Hand, wir in Zürich setzen auf bewährtes, robustes Material; zudem soll das Steuerrad für den Rücken gesünder sein.

Jetzt eine perfide Frage zum Zürcher Streckennetz: Warum gibt es weder die Tramlinie 1 noch 12? Die Antwort darauf ist in kei-

KLEINE TECHNIKKUNDE

nem der gängigen Lexika zu finden. Hier also etwas Insiderwissen: Beide Linien haben einmal existiert, sind inzwischen aber eingestellt worden (die 1 verkehrte zwischen Hegibach- und Hardplatz, die Linie 12 fuhr zuerst vom Hardturm zum Klusplatz, dann noch bis zum Escher-Wyss-Platz). Interessant ist, dass die Summe der stillgelegten Linien genau 13 ergibt (die Basler sind in dieser Hinsicht noch abergläubischer und verzichten seit je auf die Linie 13).

Und warum hält das Tram an jeder Station? Ganz einfach, weil es unsere Vorschriften verlangen. Allerdings sind die Tramführer erst seit 1969 zum Stopp verpflichtet. Zuvor galt vielerorts «Halt auf Verlangen», eine Regel, die sich beim Rössli-Tram bewährt hatte, um das kräftezehrende Anfahren zu begrenzen, das heisst die Pferde zu schonen. Noch heute trauen nicht alle der Weisung, manchmal wird wild gestikuliert, aus Angst, an der Haltestelle vergessen zu werden. Mit gutem Grund, denn ans Anhalten muss der Fahrer ganz alleine denken. Tut er es nicht, machen sich die düpierten Fahrgäste in der Regel bemerkbar (wie ich aus eigener Anschauung weiss).

Es gäbe noch so viele Fragen. Etwa jene nach diesem Knopf am Boden, ganz hinten im Tram (der erfreut sich nicht bloss zum Musik machen bei den Fahrgästen grosser Beliebtheit). Oder die Frage, weshalb Sand zum Einsatz kommt (der vermag mehr als nur dreiste Velofahrer einzunebeln). Aber leider ist der Platz hier aufgebraucht.

KLIMAFORSCHUNG

Um ein Haar hat mir die Natur einen Strich durch meine Rechnung gemacht. Ende Februar nahm ich ein paar Tage frei, und fast hätte ich einen der absoluten Höhepunkte im Tramkalender verpasst: den Beginn der Magnolienblüte. Ich führe genau Buch darüber, wann ich auf dem Stadtgebiet die ersten Blüten zu sehen bekomme. Vor zwei Jahren war es am 25. März soweit gewesen, ein Jahr darauf am 13. April. Und jetzt haben die Magnolien doch wirklich schon am 4. März Farbe gezeigt. Ich kam gerade noch rechtzeitig ins Tram.

Regen sich die Magnolien, zählt jeder Tag. Ein Winterrückfall oder auch ein Wärmeschub genügen, und die rosa und weisse Pracht beginnt zu welken. Damit ich das Erblühen vom ersten Moment an verfolgen kann, ist höchste Konzentration verlangt. Das heisst, ich muss den sogenannten Schienenblick für einmal überwinden. Statt stur den Gleisen entlang zu starren, drehe ich meinen Kopf in alle Richtungen, lasse meine Augen in die Seitenstrassen wandern und suche selbst schmale Gärten zwischen den Häusern gründlich ab. So vermag ich immer neue Magnolienbäume zu entdecken.

Als ich meine Datenreihe nochmals betrachtete, fiel mir etwas auf: Dieses Jahr hat die Magnolienblüte exakt einen Monat zu früh eingesetzt, bezogen auf den langjährigen Durchschnitt (in diesem Fall die Mitte der beiden Vorjahre, also der Tag zwischen dem 25. März und 13. April). Endlich ein eindeutiger Beweis für den Klimawandel! Und aufgeschreckt über diese Tatsache habe ich mich gleich daran gemacht zu studieren, wie sich die allgemeine Erwärmung auf meine Arbeit auswirkt.

Die Magnolien spielen in diesem Zusammenhang keine Rolle, egal ob früher oder später, Hauptsache, sie blühen. Entscheidend ist, dass der Klimawandel die Flora generell in Bewegung bringt. Es gibt wärmeliebende und rheumageplagte Menschen, die sich über Orangenhaine und Palmenstrände am Zürichsee freuen. Ich bin schon zufrieden, wenn es auf der Sechseläutenwiese wieder einmal grünt. Und tatsächlich hat sich in diesem Jahr das höchst seltene Schauspiel vollzogen, dass sich beim Bellevue ein paar zarte Grashalme aus dem Boden wagten. Natürlich hält der Zauber nicht lange, bald zertrampeln die Zünfter mit ihren Pferden das Grün, bevor dann der Zirkus die Wiese für den Rest des Jahres abtötet. Und noch ein Vorteil der Erwärmung ist zu nennen: Ich friere weniger. Letztes Jahr hatte ich mir richtige Frostbeulen an den Füssen geholt. Ohne mich auf eine Arktis-Expedition zu begeben – Minustemperaturen, die regelmässige Fahrt auf dem Velo zum Tramdepot und unpassendes Schuhwerk hatten genügt.

Auf anderem Gebiet mindert die Klimaerwärmung die Freude am Tramfahren. Dass das Eis am Vrenelisgärtli oder am Tödi schmilzt und der Ausblick auf die Glarner Alpen an Reiz verliert, das könnte ich noch verschmerzen. Auch werde ich mich daran gewöhnen, dass sich die Tramkabine im Sommer aufheizt. Viel schwerer wiegt die Tatsache, dass es weniger schneien wird. So entfallen die frühmorgendlichen Fahrten, wenn der Schnee noch nicht geräumt, die Schienen nicht zu sehen sind und mein Tram leise, wie von Zauberhand gelenkt, über das Weiss gleitet.

Die Bilanz ist ausgeglichen, drei Vorteilen stehen drei Nachteile gegenüber. Aber was heisst das schon.

FRÜHLINGSGARTENGLÜCK

Eigentlich ist es paradox. Die meisten Menschen in unserem Breitengrad wohnen und arbeiten im Trockenen, bei Regen sind sie mit Schirm, Tram oder Auto unterwegs. Und doch reden wir nicht nur über den Klimawandel, sondern noch viel öfter und inniger über das Wetter und seine täglichen Variationen. Da können die Meteorologen richtig dankbar sein, gibt es noch Leute, die der Witterung mit Haut und Haar ausgesetzt sind: die Freizeitgärtner. Sie studieren die Prognosen und wollen wissen, wann sie ihre Tomaten gegen Hagel decken müssen. Bei Sturmwarnung ernten sie zerbrechliche Gewächse prophylaktisch, bei einem Dauerhoch wird der Dienst mit der Giesskanne geplant.

Gegen siebentausend so genannter Kleingärtner gibt es in Zürich. Früher sprach man in diesem Zusammenhang von Schrebergärtnern, doch inzwischen wird Distanz gesucht zu Gottlieb Moritz Schreber, dem Leipziger Arzt und Namensgeber. Unter diesen Tausenden von Kleinstbauern gibt es ein paar ganz besondere. Wobei weniger die Gärtner herausstechen als die bewirtschafteten Flächen, und hier nun endlich der Bezug zum Tram: An einer Hand lassen sie sich abzählen, die Gärten innerhalb der Wendeschleifen. Kreisrundes, von Tramschienen begrenztes Land. Eigentliche Tramgärten, in überschaubaren Dimensionen – in Albisrieden, beim Albisgütli und auf der Rehalp reicht der Platz gerade für eine Pflanzfläche; in Hirzenbach ist der Schienenradius grösser, dort hat es mehrere Parzellen.

Wo kann man dem Frühling besser zusehen? Im einen Jahr kommt er früher, im anderen später. Aber bis heute ist er noch immer gekommen. Dieses Jahr gab es schon früh viel zu sehen,

DIE VIER JAHRESZEITEN

wenn ich bei meiner kurzen Pause mit der Linie 3 den Kleingarten in Albisrieden studierte. Rasch waren ein paar letztjährige Lauchstängel und ein Rosenkohlstumpf ausgerissen. Zudem mussten die Gärtner Bananenschalen und angefressene Äpfel entfernen, die Fahrgäste den Winter hindurch zum Kompostieren über den Zaun geworfen hatten. Die Beete sind vorzubereiten, und wenn die Erde trocken ist, werden Zwiebeln gesteckt, Salat angepflanzt, Blumen gesät. Alles vor den Augen der Passagiere, die bequem im Tram sitzen. Die Gärtner stehen unter Dauerbeobachtung. Jede Stunde kommen unzählige Zuschauer vorbei, die über den Zaun blicken. Das heisst, immer Ordnung halten, Unkraut jäten, dazu noch Bäume und Sträucher stutzen, damit sie der Fahrleitung nicht zu nahe kommen.

Das Gärtnern an einer Endschleife ist eher etwas für extrovertierte Menschen. Doch es birgt viele Vorteile, die weit über die Erschliessung mit dem öffentlichen Verkehr, Toilette und Telefonkabine hinausreichen. Hilfreich sind die Erschütterungen der Trams, das lockert den Boden und lässt die Pflanzen besser wachsen. Und dann gibt es die geselligen Momente, zwanglose Gespräche mit den Fahrgästen, über das Wetter. Oder, falls sich gerade jemand an den Brombeeren oder am Apfelbaum bedient, über die reiche Ernte.

SOMMERDUFT

Manchmal komme ich mir beim Tramfahren wie ein Fischer vor. Ich bringe Netze aus, setze Reusen, ziehe Schleppangeln durchs Wasser. Und warte. Nicht auf Karpfen, Hechte oder Schleien. Ich warte, bis die Düfte der Stadt vorbeiziehen und ich Trophäen feinstofflicher Art einbringen kann. Der Fang kann sich sehen lassen: Passend zur Mittagszeit sammelt sich in meiner Führerkabine das Bukett von Pizzas, Hamburgern und Kebab.

Jeder Geruch hat seine Geschichte, und jeder Geschichte kann ich nachspüren. Bei alkoholischen Getränken etwa lassen sich aufgrund der Atemluft interessante Rückschlüsse auf Art und Menge der konsumierten Substanzen ziehen. In einzelnen Fällen kann dies zu einer gewissen Beunruhigung führen. Dann nämlich, wenn solche Alkoholfahnenträger das Gespräch mit dem Tramführer suchen, ihren Kopf zu diesem Zweck weit durch das Schiebefenster in die Fahrerkabine strecken und dabei grössere Mengen von Alkohol verdunsten. Von Station zu Station wird die Luft schlechter, und meine Sorge um die vorgeschriebene 0,0-Promille-Grenze wächst. Immerhin sollte die alkoholgesättigte Atemluft auch allfällige Bazillen oder andere Krankheitserreger abtöten.

Die menschlichen Ausdünstungen sorgen in natürlicher wie synthetischer Form für Abwechslung. Schweiss und andere Ausscheidungsprodukte stellen einem ebenso interessante Denksportaufgaben wie Parfums, Haarsprays oder Waschmittel, die Pullovern entströmen. Dringen solche intensiven Aromen zu mir, schaue ich genau in den Rückspiegel und überlege, welches wohl deren Träger oder Trägerin sein könnte. In der Regel ist diese Zuordnung ein harmloser Zeitvertreib. Zwingend ist sie jedoch immer dann, wenn ein Passagier das Mass der aufzutragenden Parfummenge verloren hat und geruchlich überdosiert das Tram betritt. In solchen Fällen breitet sich schnell eine aggressive Duftwolke aus. Zum Schutz meiner Schleimhäute schliesse ich dann blitzartig das Fenster zum Fahrgastraum und halte es mindestens so lange geschlossen, bis die betreffende Person das Tram wieder verlässt – vorausgesetzt, die Quelle liess sich vorgängig eindeutig eruieren.

Um die Geruchsnerven vor allzu durchdringenden Partikeln aus dem Fahrgastraum zu schützen, lässt sich die Frontscheibe etwas schräg stellen. Worauf nicht einfach frische Luft in die Kabine strömt, sondern der Duft der Aussenwelt. Dann mischt sich das Aroma von frischem Teer mit Autoabgasen, über die Quaibrücke zieht würzig-moosige Seeluft, von den spärlichen Wiesen riecht es nach frischem Gras, nach einem Gewitter verbreitet der Asphalt sein schweres Parfum. Und dann wird man ein, zwei Wochen lang Nasenzeuge einer Sensation: Wenn an der Bahnhofstrasse die Linden blühen und sich der süssliche, fruchtige Duft unter dem hellgrünen Blätterdach sammelt. Nirgends riecht die Stadt besser, nirgends geben sich Sommer und Freiheit anmutiger. Weshalb ich jeweils rechtzeitig mein Netz auswerfe und das Fenster öffne.

EIN HERBSTPROBLEM

Den goldenen Blättern zum Trotz: Der Herbst ist und bleibt eine problematische Jahreszeit. Jedes Jahr erinnert uns das grelle Laub schmerzhaft an die Vergänglichkeit des Lebens. Die Tage werden kürzer, die Sonne schwächelt, und niemand kann mit absoluter Bestimmtheit sagen, ob es je wieder Frühling wird, vom Sommer ganz zu schweigen. Wer will sich da freuen?

Ganz abgesehen von der zusätzlichen Arbeit, die es beschert, wenn sich die Bäume ihrer Blätter entledigen. Hausabwarte müssen zu ihren mobilen Lärmmaschinen greifen. Das städtische Abfuhrwesen hat die tote Biomasse einzusammeln und zu entsorgen. Und auch auf kulturellem Gebiet sind Höchstleistungen verlangt. Die mit der herbstlichen Melancholie aufwallenden Gefühle wollen adäquat beschrieben sein. Umfangreiche Herbstlyrik, die von den existenziellen Kämpfen mit dieser Jahreszeit zeugt, ist die Folge. So ist bei Hermann Hesse zu lesen: «Das Blatt irrt ohne Gleise, wohin der Wind es will.»

Erstaunlich, wie genau der deutsche Dichter das saisonale Problem erfasst hat: den unkontrollierten Fall der Blätter. Dieses hemmungslose Treiben wiederum lässt auch Tramführer heftige Gefühle erfahren. Wobei die Regung wenig mit Poesie, aber viel mit Empörung zu tun hat. Anders gesagt, das Laub macht das Fahren und vor allem das Bremsen schwierig. Denn der Saft der Blätter, geraten diese zwischen Schiene und Rad, funktioniert als ideales Gleitmittel. Weshalb die Räder beim Anfahren durchdrehen und wir beim Anhalten, hat sich unsere Maschine überhaupt in Fahrt bringen lassen, zu Sand greifen müssen. Oder, rabiater, zur Schienenbremse, die sich mittels magnetischer Kraft auf die Gleise presst. Entsprechend ungemütlich wird es im Tram, auch für mich als Fahrer.

Angesichts des perfiden Blätterregens frage ich mich, warum in Zürich ausgerechnet grossblättrige Ahorne, Linden und Platanen wachsen – die dann im Herbst ihren Ballast abwerfen, und das nicht nur an der Haltestelle Laubegg. Es ist mir unbegreiflich, weshalb es unter den über zwanzigtausend Bäumen, die Zürichs Strassen säumen, praktisch keine immergrünen und damit unproblematischen Nadelbäume gibt. Nicht einmal an der Zypressenstrasse findet man die gleichnamigen Gewächse. Nadelbäume haben hier keine Chance, mögen Botaniker einwenden. Aber wozu gibt es denn all diese Baumschulen? Da sollte es doch möglich sein, Laubbäume zu züchten, die ihre Blätter nicht mehr abzuwerfen brauchen. Schliesslich haben es japanische Forscher auch geschafft, Rosen ohne Dornen zu ziehen.

Bis man bei den Laubbäumen so weit ist, muss ich meine Hoffnung auf einen richtigen Herbststurm setzen. Ich wünsche mir einen Orkan herbei, der die Blätter möglichst alle aufs Mal von den Bäumen reisst. Sonst bleiben mir nur ein paar Verschnaufpausen auf baumlosen Strecken, etwa im Schwamendinger Tunnel. Oder auf dem Paradeplatz. Wenn ich mich endlich durch die Linden der Bahnhofstrasse gepflügt habe, weiss ich die kühle, asphaltierte Ästhetik dieses Platzes zu schätzen.

WENN ZÜRICH BRENNT

Advent, Advent und Zürich brennt. So oder ähnlich lässt sich die alljährliche Illumination der Stadt in den Wochen vor Weihnachten umschreiben. Zuerst und in der allergrössten Zahl dürfen wir uns in dieser dunklen Zeit am künstlichen Licht erfreuen, das für temporäre Erleuchtung sorgt. Erst zum Neujahr hin flackern da und dort endlich auch natürliche Feuer auf, wenn dürre Adventskränze oder im Wohnzimmer getrocknete Tannenbäume mit einem Mal in Brand geraten.

Als Tramführer weiss ich die vorübergehende Verdrängung der Finsternis zu schätzen. Wenn sich die Dämmerung schon am Nachmittag schwer über die Stadt legt, wenn die kommende Nacht und damit der Spätdienst rasch näherrücken, dann hat es durchaus seinen Reiz, im Lichtermeer zu baden. Früher war mir in dieser Zeit, ich muss es gestehen, die Bahnhofstrasse am liebsten. Nicht dass ich mich als unverbesserlicher Nostalgiker fühle. Aber mit dem Tram unter dem künstlichen Sternenhimmel durchzugleiten, das wirkte schon tief beruhigend. Erst recht, wenn dazu noch Schnee herabrieselte und den Asphalt mit einem schallschluckenden Belag überzog.

Inzwischen ist Schluss mit der Romantik. Die zwanzigtausend Glühbirnen sind entsorgt, und das mit dem Schnee ist auch nicht mehr sicher. Jetzt, wo die Bahnhofstrasse in kühlem Polarlicht leuchtet, muss ich mir den Sternenhimmel bei der Fahrt zwischen Bürkliplatz und Hauptbahnhof dazudenken. Aber ich beklage mich nicht über den technischen Wandel. Hauptsache, auch der neue Lichterglanz vermag die vorweihnachtliche Betriebsamkeit all jener Menschen etwas zu dämpfen, die mit raumfüllenden Einkaufstauschen in die Trams drängen. Oder mit frisch geschnittenen Tannenbäumen. Als ob es nicht schon eng genug wäre.

Zur neuen Beleuchtung in der Bahnhofstrasse möchte ich nur so viel sagen: Jede Stadt hat die Weihnachtsbeleuchtung, die sie verdient. Beziehungsweise jene, mit der sich das Gewerbe die besten Verdienste erhofft. Schliesslich vermag künstliches Licht nicht nur Insekten anzuziehen, sondern auch Menschen. Weshalb die Gewerbetreibenden alle erdenklichen Lampen und Leuchten einsetzen, damit die Käuferschar möglichst instinktsicher zu den erleuchteten Strassen, Plätzen, Schaufenstern und endlich ins Ladeninnere findet. Die Illumination unterliegt keinem Plan zur Abschaffung des Dunkels. Jeder, der eine freie Steckdose findet, kann es Licht werden lassen. Mit dem Resultat, dass zwischen Farbhof und Bahnhof Tiefenbrunnen, um mit der Tramlinie 2 zu sprechen, sich kaum ein Baum oder ein Haus finden lässt, das nicht künstlich strahlt.

So ändern sich die Zeiten. Als Knirps hatte ich mit meiner Schwester jeweils die beleuchteten Tannenbäume gezählt, wenn unsere Familie im Auto Richtung Weihnachtsfest unterwegs war. Heute ist das Spiel nur noch mit umgekehrten Vorzeichen zu betreiben. Jetzt halte ich beim Tramfahren nach Gärten, Fassaden und Baukränen Ausschau, die ohne elektrischen Anschluss ausharren.

WINTERZAUBER

Diesen Text lassen Sie sich am besten vorlesen, denn es handelt sich um das Drehbuch zu einem kurzen Film. Titel: Winterzauber in Zürich. Schliessen Sie nun die Augen.

Alles ist schwarz wie die Nacht, kein Laut zu hören. Nach ein paar langen Sekunden wird es allmählich hell, schliesslich ist heftiges Schneetreiben zu erkennen. Die Kamera zoomt auf grosse, wild tanzende Schneeflocken. Gleichzeitig schweben von weit her eindringliche Saxofonklänge heran.

Schnitt. Die Kamera zeigt einen Tramführer, der nicht nur das Tram führt, sondern auch Selbstgespräche (um das angeborene menschliche Mitteilungsbedürfnis zu befriedigen, reicht die Ansage der Haltestellen nicht aus). «Was gibt es Schöneres, als diesen Winterzauber in der warmen Führerkabine zu erleben?», sagt der Mann. Darauf ertönt aus dem Off eine weibliche Stimme: «Das alles ist dem Schienenblick zu verdanken.»

Ein dumpfer Knall setzt der Idylle ein Ende. Der Tramführer zuckt zusammen. Ein Schneeball hat die Führerkabine des Trams getroffen, wie die nach rechts schwenkende Kamera zeigt. Durch die nun verschmierte Scheibe sind ein paar Jungs zu sehen. «Warum zielen die immer auf mich?», fragt sich der Tramführer. Ohne die Antwort zu erörtern, fährt er los. Da rückt von rechts ein schwarzer Mercedes ins Bild. Die Limousine gleitet zügig über die schneebedeckte Fahrbahn. «Vielleicht», spricht der Tramführer vor sich hin, «vielleicht sitzt da der FIFA-Präsident Sepp Blatter drin. Der Weltfussballer lässt sich bestimmt zum Flughafen fahren, um nach Dubai oder Addis Abeba an eine Fussballsitzung zu fliegen.» Während sich der Tramführer noch die ferne Hitze vorstellt, wird er unvermittelt in den Winter zurückgeholt. Weichenstörung. Der Tramführer stoppt abrupt, steigt mit Weicheisen und Besen aus und macht sich daran, den Schnee zu beseitigen und die Weiche in die richtige Position zu bringen.

«Fahren wir endlich weiter?», fragt ein Fahrgast im Anzug, als der Tramführer zurückkommt, «ich habe ein wichtiges Meeting.» – «Keine Sorge», versucht der Tramführer, sichtlich froh um eine richtige Konversation, zu beruhigen, «wir tun, was wir können.» Und schon fährt das Tram wieder los. Aber nur bis ein ansehnlicher Haufen Schnee erneut die Bahn versperrt. Nun muss der Tramführer mit einer Schaufel den Weg bahnen. Daraufhin springt der termingeplagte Fahrgast, Schimpfworte ausstossend, aus dem Tram und eilt davon.

An der nächsten Haltestelle wartet eine Schulklasse, ausgerüstet mit farbigen Schlitten. Die Lehrerin lässt all ihre Schützlinge bei der vordersten Türe einsteigen. Verärgert schaut der Fahrer auf die Uhr. Unendlich lange zwei Minuten dauert es, bis die ganze Klasse durch die enge Öffnung geschlüpft ist. «So etwas ist strafbar», ärgert sich der Fahrer, «das macht die Frau absichtlich. Ist es zu schwer zu begreifen, dass ein Tram mehr als nur eine Türe hat?» Aber jetzt sieht er, wie die Lehrerin nochmals aussteigt. Der Handschuh eines Kindes ist auf dem Trottoir liegengeblieben. Blitzartig schliesst der Fahrer die Türen und fährt los. Er schmunzelt, dann schwenkt die Kamera auf die Lehrerin, die dem Tram hinterherrennt, und die Leinwand verdunkelt sich.

EIN ENGEL FÜR ZÜRICH

Es begab sich einmal, dass ein himmlischer Befehl an einen jungen Engel erging, nach Bethlehem aufzubrechen und nach einem schwangeren Weib zu sehen. Wie der Engel durch die Lüfte schwebte, geriet er unversehens in einen gewaltigen Sturm. Immer schneller schlug der Engel mit seinen Flügeln, so schnell es ein Engel eben vermag, doch der Wind war stärker und brachte den Engel von seiner Bahn ab. Eh er sichs versah, fand er sich über einer Stadt, die er nie zuvor gesehen hatte. Und so geschah es, dass der Engel von allen Kräften verlassen zu Boden sank.

Als er sich nun auf einem grossen Platze wiederfand, wollte er erst eine Herberge suchen. Doch so sehr er sich auch bemühte, nicht ein Zimmer, nicht ein einziges Bett liess sich finden. Der junge Engel war ohne Geld, und keiner der Wirte wollte sich seiner erbarmen. Um zu betteln, fehlte ihm der Mut, und überhaupt traf er überall auf Frauen und Männer, die bereits mit Trompeten und seliger Stimme Geld eintrieben.

Da wurde es dem Engel mit einem Mal so kalt, dass er meinte, gleich auf der Stelle erfrieren zu müssen. So kam es, dass er sich, um sich etwas aufzuwärmen, in eines der Trams setzte, die unaufhörlich ihre Runden drehten. Kaum hatte der Engel Platz genommen, riefen mehrere Männer mit lauter Stimme aus: «Billettkontrolle!» Und gleich trat einer zum Engel. «Ich tue dir nichts zuleid, aber sag», fragte der Mann, «hast du kein Billett?» Der Engel schüttelte den Kopf und begann zu erzählen, wie es ihn hierher verschlagen hatte.

«Das ist die beste Geschichte eines Schwarzfahrers, die ich jemals zu Ohren bekommen hab», sprach der Mann übermütig. Gerade, als er das gesagt hatte, ward er sich gewahr, dass er wohl tatsächlich einen leibhaftigen Engel vor sich hatte. «Hab keine Angst, mein Engel», sprach da der Mann, «unser Chef liebt Engel und hat etwas Besonderes mit dir vor. Siehst du dort dieses rote Tram? Dort kannst du von nun an deine Abenteuer erzählen.» Worauf der Engel für immer im Märlitram verschwand.

Zur gleichen Zeit war man weit über den Wolken in den grössten Ängsten. Der Oberengel selbst musste sich um das schwangere Weib in Bethlehem kümmern, und vom jungen Engel war noch immer keine Nachricht. So wurden die besten Sternforscher zusammengerufen, auf dass sie sich auf die Suche nach dem verlorenen Jüngling machten. Die unbekannte Stadt ward schon bald gefunden, doch die schwierigste Aufgabe stand den Astrologen noch bevor. In der ganzen Stadt waren unzählige Engel unterwegs, standen in den Schaufenstern, ohne sich zu rühren.

«Wie sollen wir da unseren Engel finden?», fragten sich die Sternforscher. Noch aber hatten sie ihren Mut nicht verloren, sondern liefen in einem fort durch die Strassen, bis sie sich zuletzt ganz erschöpft auf einer Bank niederliessen. Weil ihre Füsse sie nicht länger tragen konnten, bestiegen die Sternforscher schliesslich ein Tram und hofften, so den verlorenen Engel zu finden. Kaum hatten sie Platz genommen, vernahmen sie, wie ein paar Männer riefen: «Billettkontrolle!» Und nun begannen auch die Sternforscher zu erzählen. Und wenn sie mit ihrer Geschichte noch nicht zu Ende sind, reden sie bis in alle Ewigkeit.

WEDER SCIENCE NOCH FICTION

«Nun gehen wir seit zwei Jahren jeden Morgen mit der 14 nach Wiedikon in die Schule. Wir lesen jede Ihrer Kolumnen und warten gespannt auf weitere. Doch wir haben gemerkt, dass wir noch gar nie mit Ihnen mitgefahren sind, dabei fahren Sie ja auch mit der 14. Seit den Ferien schauen wir immer extra nach, wie der Tramchauffeur aussieht, und haben sogar ein Bild von Ihnen dabei zu Vergleichszwecken – vergeblich. Sie waren es nie.»

So stand es in einer E-Mail, die mir zwei Mädchen schickten. Ob die Enttäuschung echt ist oder nur gespielt, kann ich nicht beurteilen. Gerührt war ich trotzdem. Allerdings, sage ich mir, wird sich ihre Neugier mit dem Alter legen, und im Gegenzug wird das Misstrauen dem geschriebenen Wort gegenüber wachsen. Was wichtig ist. Heutzutage wird so viel verdreht, erfunden und erlogen, da wäre es fahrlässig, alles zu glauben, was einem an so genannten Druckerzeugnissen unter die Augen kommt. Ich meine, so gross ist Zürich ja nicht, dass sich die Wege von Menschen, die hier leben und arbeiten, über Jahre kein einziges Mal kreuzen sollten. Mit anderen Worten: Es muss etwas faul sein an diesen Tramgeschichten. Tatsächlich hegte eine reifere Leserin diesen konkreten Verdacht. Sie frage sich, teilte mir die Frau mit, ob ich wirklich eine echte Person sei und nicht eine für krude Werbezwecke der VBZ erfundene Kunstfigur. So eine Art Betty Bossy des Tramwesens.

Nun habe ich selbst einmal in einer PR-Agentur gearbeitet, für kurze Zeit zwar nur, aber doch lange genug, damit die Vorstellung eines virtuellen Tramführers nichts Aussergewöhnliches wäre. Was meine Berichte aus der Führerkabine angeht, kann ich jedoch Entwarnung geben. Noch fühle ich mich körperlich und geistig in

KLARSTELLUNG

der Lage, eigenhändig Tram zu fahren und auch ganz alleine zu schreiben. Das müssen Sie mir jetzt einfach glauben.

Besser wäre es natürlich, Neugierige und übertrieben Vorsichtige würden mir einmal bei der Arbeit über die Schulter sehen. So könnten sie sich davon überzeugen, dass es sich bei mir weder um Science noch um Fiction handelt, sondern um einen leibhaftigen Angestellten, der einer soliden, im Hier und Jetzt verwurzelten Tätigkeit nachgeht. Wäre ich nur auf einer, immergleichen Linie unterwegs (so wie es viele Menschen vermuten), liesse sich ein solches Zusammentreffen ganz einfach organisieren. Aber bei uns wird Job Rotation grossgeschrieben, und so dürfen wir auf verschiedenen Linien fahren. Ausgebildet werden wir sogar auf dem ganzen Zürcher Streckennetz. Dort lernen wir dann auch die Kurven bei der Rehalp zu fahren oder die Weichen beim Bucheggplatz richtig zu stellen. Leider dürfen wir dann im regulären Einsatz die Linien nicht frei wählen. Wo man eingesetzt wird, hängt vom Depot ab, dem man zugeteilt wird, Irchel, Escher-Wyss, Kalkbreite, Oerlikon oder Wollishofen. Ich habe meine Basis in der Kalkbreite, und weil diese Halle besonders geräumig ist, hat es dort auch die grösste Auswahl (konkret die Linien 2, 3, 5, 6, 8, 9, 10 und 14). Die daraus resultierende Abwechslung ist so enorm, dass bei uns zu Hause eine kleine Tafel hängt, auf der ich die jeweiligen Linien markiere. So kann meine Frau immer nachsehen, wo ich gerade unterwegs bin.

PERSONEN- UND SACHREGISTER

Aargauer 26
Aberglauben 23, 91, 107
Abfahren 16, 18, 22, 39
Abfall 57, 85
Adria 32, 81
Advent 116
Albisgütli 62, 74, 84, 110
Albisrieden 52, 100, 111,
Analphabeten 14
Anarchisten 30
Anhalten 12, 100, 107, 114
Ausmusterung 95
Bahnhofstrasse 113, 115, 116
Bartoli, Cecilia 74
Basel 29, 44, 74
Baustellen 11
Bellevue 18, 67, 77, 88
Betty Bossy 122
Billetkontrolle siehe Kontrolleur
Blasenschwäche 80, 105
Blatter, Sepp 10, 41, 118
Blinker 60
BMW 28
Bremsen 93, 94, 114
Bucher, André 16
Bürkliplatz 34, 66, 116
Central 25, 60, 100
Clean Team 57
Cobra 104
Coolness 50
Delon, Alain 56
Depot siehe Tramdepot

Duftstoffe 81, 96, 112
Durchsagen 47, 56, 58, 118
Egli 67, 90
Einschlafen 26, 47
Eisblumen 97
Endstation 22, 56, 58
Entgleisung 101
Euro 45
Fahrplan 14, 80, 85
Farbhof 81, 117
Felix, Kurt 85
Ferienzeit 32, 78
Fliehkraft 34, 106
Föhn 67
Frisch, Max 67
Fröhlich, Wilhelm 75
Frühdienst 65, 76
Fussgänger 16, 50, 89
Gabin, Jean 56
Gärtner 110
Gefühl 22, 114
Geländewagen 20, 27, 28
Geld 44, 106, 120
Genazino, Wilhelm 54
Gender Study 89
General-Guisan-Quai 36, 64
Gerechtigkeit 24
Geschwindigkeit 35, 47, 69, 106
Gessnerbrücke 27
Glarner Alpen 67, 109
Gloriadreieck 26
Gotthard 72, 102

Gruss siehe Tramgruss
Gut Tram siehe Petri Heil
Gymnastik 20, 85, 97
Haltestelle 12, 16, 107, 39, 74, 107
Heizung 96, 104
Hesse, Hermann 114
Hiroshima 78
Hirzenbach 76, 105, 110
Hösch 74
Ischias 21
Jauch, Günther 106
Jugend 44, 119
Kasparov, Garri 11
Kinderwagen 20
Kirche Fluntern 53, 59
Klusplatz 44, 56
Kompensationsmaschine 99
Kondukteur 42, 79
Kontroller 106
Kontrolleur 70, 120
Krampfadern 24
Kurven 12, 34
Lärm siehe Rasselglocke
Laub 114
Lebenszeichen 52, 61
Leitstelle 28, 73, 101
Lenkrad 28, 106
Lernfahrer 26
Lichtsignal 18, 34
Lieblingshaltestelle 81
Limmat 25
Limmatquai 72

Lindenblüten 113
Linie 2 40, 63, 72, 117
Linie 3 36, 52, 60, 73, 100, 111
Linie 5 36, 53, 88
Linie 9 76, 104
Linie 14 44
Luchswiesen 75, 76
Lüftung 113
Magnolien 108
Märlitram 121
Marx, Karl 28
Mattenhof 75
Meine Frau 78, 80, 92, 123
Mercedes 94, 118
Milchbuck 12
Mirage 94
Miss Schweiz 48
Mobility 27, 86
Mobiltelefon 46, 69, 78
Monotonie 88
Muttertag 20
Notbremsung 37, 57, 99
Opernhaus 72, 74
Paradeplatz 66, 114
Pause 58, 84, 110
Pendler 26, 32
Petri Heil 90
Poleposition 12
Politik 68
Polizei 25, 60, 93
Positives Denken 16
Pragelpass 72

Promille 49, 112
Pünktlichkeit 14, 92
Rad 44, 95, 114
Radarfallen 35
Rämistrasse 29
Rasselglocke 98, 93
Raucher 22
Regen 12, 83, 110
Rehalp 75, 110, 123
Rennweg 75
Reparateur 73, 95
Röslistrasse 74
Rückwärtsfahren 101, 72
Sadisten 18, 35
Sand 114, 107
Schadenfreude 36
Schienen 31, 35, 44, 68
Schienenblick 82, 108
Schienenbremse 114
Schnee 109, 116, 118
Schreber, Gottlieb Moritz 110
Schwamendinger Tunnel 83, 102
Schwarzfahrer 70, 120
Schweizer Franken 44
Sechseläutenwiese 109
See siehe Zürichsee
Sehnsucht 76
Seilergraben 36
Selbstgespräch 42, 118
Senioren 11, 16
Sex 87
Shorts 24

Silikon 38
Sitzheizung 28, 105
Small Talk 42, 111
Spätdienst 88, 116
Stadtpräsident 66
Stadttauben 50
Stau 33, 36
Stauffacher 12, 30, 50
Streetparade 47
Tachograph 46
Taxifahrer 26, 86, 93
Ticketautomat 70, 78, 85
Tiefenbrunnen 63, 84
Toilette 80, 87, 105
Tram 2000 28
Tramdepot 63, 73, 107
Tramgruss 52, 54
Tramlinien 106, 123
Triemli 44, 81
Trittbrettfahrer 70, 85
Türen 10, 18, 104, 119
Türlersee 32, 67
Turnaround 58
Uetliberg 62, 77, 84
Umleitung 72, 101
Uniform 71, 81, 93, 100
Unterbewusstsein 93
VBZ 12, 22, 59, 61, 122
Velofahrer 30, 69, 97
Venedig 51, 67
Verspätung 19, 21, 25, 85
Vor der Nase 18

Vortritt 24
Voyeuristen 40, 81
Vrenelisgärtli siehe Glarner Alpen
Wagenabtausch 64
Weichen 72, 100, 106
Weichenstörung 100, 119

Weihnachten 120
Wendeschleife 78, 110
Wettläufer 16
Wildhüter 50
Zürichsee 66, 109

THOMAS SCHENK, geboren 1966, ist in Muttenz BL aufgewachsen und studierte in St. Gallen Betriebswirtschaft. Arbeitete als freier Journalist unter anderem für «Bilanz», «Facts», «Das Magazin», und NZZ Folio. Seit 2003 ist er Tramführer der VBZ, wenn er nicht fährt, schreibt er. Thomas Schenk lebt in Zürich.
www.thomasschenk.ch

ANNA SOMMER, geboren 1968, in Aarau aufgewachsen, lebt und arbeitet in Zürich. Gehört zu den international bekannten Schweizer Comic-Autorinnen. Arbeitet vorwiegend mit der Papiercollagetechnik. Als Illustratorin arbeitet sie u. a. für «Die Zeit», «Die Wochenzeitung», «Annabelle», «Vibrations» und «Libération». Publikationen: «Damen Dramen», «Honigmond», «Amourettes», «Baies des bois», «Eugen und der freche Wicht», «Die Wahrheit und andere Erfindungen».